A ROSA DO CAIRO

A você, que vai entrar agora nesta linda e reveladora psicografia, desejo muita luz, paz, amor e felicidade. Que as linhas por mim escritas lhe ajudem em sua jornada evolutiva.

São meus sinceros votos,

ROMANCE ESPÍRITA

A ROSA DO CAIRO

OSMAR BARBOSA

Pelo Espírito de Nina Brestonini

O autor cedeu os direitos autorais deste livro à
Fraternidade Espírita Amor e Caridade.
Rua São Sebastião, 162 - Itaipu - Niterói, Rio de Janeiro.
www.fraternidadeespirita.org

ROMANCE ESPÍRITA

A ROSA DO CAIRO

Book Espírita Editora

1ª Edição

| Rio de Janeiro | 2020 |

OSMAR BARBOSA

PELO ESPÍRITO DE NINA BRESTONINI

BOOK ESPÍRITA EDITORA

ISBN: 978-65-991053-4-0

Capa
Marco Mancen

Projeto Gráfico e Diagramação
Marco Mancen Design

Imagens
Depositphotos / Pixabay

Revisão
Priscilla Melo

Marketing e Comercial
Michelle Santos

Pedidos de Livros e Contato Editorial
comercial@bookespirita.com.br

1ª edição
Prefixo Editorial: 92620
Impresso no Brasil

BOOK ESPÍRITA
EDITORA

Outros livros psicografados por Osmar Barbosa

Cinco Dias no Umbral

Gitano - As Vidas do Cigano Rodrigo

O Guardião da Luz

Orai & Vigiai

Colônia Espiritual Amor e Caridade

Ondas da Vida

Antes que a Morte nos Separe

Além do Ser - A História de um Suicida

A Batalha dos Iluminados

Joana D'Arc - O Amor Venceu

Eu Sou Exu

500 Almas

Cinco Dias no Umbral - O Resgate

Entre nossas Vidas

O Amanhã nos Pertence

O Lado Azul da Vida

Mãe,Voltei!

Depois...

O Lado Oculto da Vida

Entrevista com Espíritos - Os Bastidores do Centro Espírita

Colônia Espiritual Amor e Caridade - Dias de Luz

O Médico de Deus

Amigo Fiel

Impuros - A Legião de Exus

Vinde à Mim

Autismo - A escolha de Nicolas

Umbanda para Iniciantes

Parafraseando Chico Xavier

Cinco Dias no Umbral - O Perdão

Acordei no Umbral

Agradecimento

Agradeço primeiramente a Deus por ter me concedido esse verdadeiro privilégio de servir humildemente como um mero instrumento dos planos superiores.

Agradeço a Jesus Cristo, espírito modelo, por guiar, conduzir e inspirar meus passos nessa desafiadora jornada terrena.

Agradeço a Nina Brestonini e aos demais espíritos ao lado dos quais tive a honra e o privilégio de passar alguns dias psicografando este livro. Agradeço ainda pela oportunidade e por permitirem que essas humildes palavras registradas neste livro ajudem as pessoas a refletir sobre suas atitudes, evoluindo.

Agradeço ainda à minha família pela cumplicidade, compreensão e dedicação. Sem vocês ao meu lado, dando-me todo tipo de suporte, nada disso seria possível.

E agradeço a você, leitor amigo, que comprou este livro, sua colaboração nos ajudará a levar a Doutrina Espírita e todos os seus benefícios e ensinamentos para mais e mais pessoas.

Obrigado.

A todos, os meus mais sinceros agradecimentos.

Osmar Barbosa

Conheça um pouco mais de Osmar Barbosa:
www.osmarbarbosa.com.br

"

Caríssimos, não acrediteis em todos os Espíritos, mas provai se os Espíritos são de Deus, porque são muitos os falsos profetas que se levantaram no mundo.

"

(João, Epístola I, cap. IV: 1)

Prefácio

Passado algum tempo, Nina me convida à escrevermos esse livro. Ela me procurou mais uma vez e me disse que iríamos escrever um livro que mexeria muito comigo. Fiquei feliz e curioso, logo, me predispus a começar logo o desdobramento.

O nome sugerido por ela me despertou imensa curiosidade.

– Um lindo nome. – eu disse a ela.

Ela, então, me respondeu:

– Mais linda ainda é a história que temos para te revelar. Você está preparado?

– Sim, Nina, estou sempre preparado para os livros. Escrever expande os meus limites.

– Então, amanhã eu te encontro para começarmos. Pode ser?

– Estarei te esperando, Nina.

– Até, Osmar.

– Até, Nina.

E no dia seguinte...

Ansioso, logo me tranquei no escritório preparando-me para o desdobramento e para acompanhar bem de pertinho essa narrativa. Eu estava louco para saber o que seria dessa vez, qual tipo de mensagens eles queria me passar? Quem seria o personagem principal desse livro? Foram muitas as minhas dúvidas, até que ela me aparece novamente, e juntos começamos a caminhar em um lugar nunca visto por mim.

É em desdobramento que escrevo todos os livros.

Agradeço cada segundo dessa mediunidade, pois tenho o privilégio de estar ao lado desses amigos de luz e trazer para vocês essas psicografias que transformaram a minha vida e que auxiliam muita gente.

Chegamos a um lugar muito bonito. Curioso, perguntei a Nina onde estávamos, e ela, com seu jeito carinhoso, me disse:

– Essa é a cidade do Cairo, ela é a capital do Egito, localizada às margens do rio Nilo.

A cidade foi fundada no ano 969 por Jauar, o Siciliano, do califado Fatímida, Osmar. Antes de sua fundação, Fostate era capital do país.

O nome da cidade se deve aos Fatímidas, que batizaram-na com o nome de Cairo. Depois de diversas invasões como a dos Mamelucos, dos Otomanos, de Napoleão e dos britânicos, o Cairo se converteu em capital soberana em 1922.

– Que legal, Nina!

– A cidade foi conquistada, Osmar, em 1517 pelo Império Otomano. Entre 1798 e 1801, foi ocupada pelos franceses e é, atualmente, a sede da Liga Árabe.

– Mas estamos em outro tempo, né, Nina?

– Sim, estamos num tempo bem distante de sua realidade atual. Tem mais algumas informações que você tem que colocar no livro.

– Quais, Nina?

– Essas: O exército francês de Napoleão ocupou brevemente o Egito de 1798 a 1801, o qual, depois, um oficial otomano chamado MaoméAli fez do Cairo a capital de um império independente que existiu entre 1805 e 1882. A cidade, então, caiu sob controle britânico até que o Egito conseguiu sua independência em 1922.

– Informações importantes, Nina.

– Sim, Osmar. Como vamos voltar no tempo, é necessário que todos conheçam bem esse lugar.

– Agradeço, Nina.

– Nós é que agradecemos por essas oportunidades, Osmar.

– Eu fico muito feliz em ser útil a vocês, Nina.

– Que bom que você se sente assim, Osmar. Agora, vou deixar a história ser contada por você. Relate tudo o que lhe mostraremos, registre os diálogos, as imagens e tudo o que você conseguir expressar.

– Deixa comigo, Nina. Vou ser fiel a tudo o que vocês me mostrarem.

– Boa psicografia, Osmar.

– Obrigado, Nina. Eu não tenho palavras para te agradecer por tudo o que tens nos ensinado.

– Cumpra-se sua encarnação.

– Gratidão, Nina.

Este livro retrata a história de Sula e do cigano Rodrigo. Ela é uma menina que vive no Cairo, e ele, líder de um grupo de ciganos que chegam ao Egito após saírem de Jerusalém.

Rodrigo se encanta com a jovem, a qual ele chama carinhosamente de "a Rosa do Cairo".

Nossa história se passa no ano de 1798, época em que os Otomanos governam a região que é invadida pelo exército de Napoleão Bonaparte. A batalha sangrenta é um marco na história do Egito.

Muitos soldados morreram defendendo suas famílias dos soldados sanguinários de Napoleão.

Agradeço muitíssimo ao Rodrigo e à Nina por me permitirem essa psicografia. É um livro mágico, cheio de ensinamentos e lições atualizadas do amor de Deus pelos seus filhos.

Eu compreendi, nessa psicografia, que ainda existem muitos mistérios a serem revelados. Existem muitas coisas ainda incompreensíveis para nós, simples mortais.

Fiquei honrado e feliz em conhecer mais uma experiência que o meu mentor espiritual viveu entre nós. Como é bom ser médium e exercer com seriedade aquilo que nos foi presenteado nesta encarnação.

Acho sinceramente que, se não houvesse a dedicação de minha parte no exercício mediúnico, nada disso seria possível, sim, porque recebo as informações do plano maior em gotas homeopáticas. É assim que nos ensinam os espíritos.

Eles me dizem que é de acordo com meus merecimentos, creio nisso! Fiquei extremamente emocionado quando a Nina me disse: cumpra-se a sua encarnação!

Desta forma, trago para você, amigo leitor, uma linda experiência que certamente transformou o destino de Rodrigo. Foi incrível o que ele viveu nessa época.

Espero que todos sintam-se um pouco ciganos nessa jornada de luz que carinhosamente eles chamaram de A Rosa do Cairo.

Osmar Barbosa

Sumário

“

Os ensinamentos ciganos são como o vento, estão em todos os lugares.

”

Cigano Rodrigo

Cidade do Cairo

Os Otomanos eram os legítimos possuidores do Egito, mas os Mamelucos, em desobediência ao Sultão Otomano, são os que dirigem toda a região às margens do rio Nilo. Há uma grande reconstrução da cidade do Cairo, destruída parcialmente pelas constantes batalhas na região. Centenas de escravos são utilizados nas grandiosas construções que são erguidas no lugar. Estradas, ruas, casas comerciais, casarões, avenidas, o lugar mais parece um grande canteiro de obras.

O Cairo não para de crescer.

O poderoso exército Mameluco e seu general, Ibrahim, têm enorme interesse em negociar cavalos com os ciganos, pois possuem a maior cavalaria de guerra.

A seca do frio inverno não dá descanso ao povo da região.

Os ciganos, que estão acampados à margem sul do rio Nilo, sofrem igualmente pela temperatura que assola o lugar.

Os campos, antes verdes, estão amarelados pela constante variação térmica do lugar. Afinal, estamos em março, época do ano onde o inverno começa a perder a força e a temperatura chega, durante o dia, à 23 graus e, à noite, varia entre 5 e 10 graus. O contraste na temperatura é muito prejudicial ao povo nômade, principalmente as crianças.

Não há muito o que fazer para reverter a seca, apesar do esforço dos homens e mulheres da imensa tribo cigana, que trazem água fresca do Nilo durante todo o dia para molhar a horta de subsistência e para os animais.

Os ciganos passam praticamente o dia trancafiados em sua cabanas esperando por dias mais quentes. Mas eles são felizes, cantarolam músicas ciganas durante todo o dia e também à noite.

Há sempre alegria no povo nômade.

À noite, os ciganos aproveitam da hora mais fresca para se reunir em volta de uma grande fogueira. Ali, eles dançam e comemoram a vida.

As crianças menores são mantidas nas cabanas feitas com tecidos coloridos trazidos da Grécia pelos ciganos viajores que fazem parte do grupo. São muitos os tecidos trazidos pelas caravanas ciganas que atravessavam toda a Ásia, vindo pela Turquia até chegarem ao Egito.

Tecidos valiosos que eram levados ao Cairo sempre que os ciganos precisavam de mantimentos, afinal, o comércio é o forte dessa tribo.

O sal é como ouro para os ciganos e todos os que vivem no Cairo. A troca é sempre vantajosa para os ciganos, afinal, eles são profundos conhecedores das estradas que atravessavam toda a África e são os únicos capazes de enfrentar tantos desafios para trazerem o sal e os tecidos valiosos, que são usados como moedas nas lojas e ruas do Cairo.

A tribo do cigano Rodrigo fica sempre por pouco tempo em um só lugar, o grupo está sempre trocando de região, viajam pelas imensas planícies do Egito. É como eles se mantêm seguros dos inimigos e dos soldados Otomanos, que volta e meia ameaçam a tribo cigana.

Rodrigo é o líder da tribo. Moreno, alto, cabelos lisos e negros despojados sobre os ombros, corpo atlético e olhos azuis. Sempre muito bem vestido e com um lindo sorriso no rosto.

Líder de mais de duzentos e cinquenta ciganos e ciganas que integram seu grupo. Respeitado e adorado por todos. Exímio encantador de cavalos.

Solteiro, jovem e muito cobiçado por todas as ciganas de sua tribo. Mas ele é discreto e procura manter toda a sua tribo sempre em equilíbrio.

Filho mais novo de Manolo, que o deixou ainda menino, Rodrigo é amado e admirado por todo o grupo. Seu irmão, Suazi, é quem o auxilia nas tarefas de organização e cumprimento das normas ditadas pelo jovem cigano.

Seu amigo fiel e companheiro da caça aos cavalos selvagens é Túlio. Rapaz bem forte e educado.

Sua irmã, Zaira, um pouco mais velha, é a sua grande conselheira. Morena, alta de cabelos negros e olhos azuis como os de Rodrigo, Zaira é a amiga das horas mais difíceis e cumpre honrosamente o papel de mãe não só de Rodrigo, mas de todos os ciganos que veem em Zaira muita sabedoria e perfeição. Ela ainda não se casou, e tem como namorado o cigano Hector.

Sua mãe, Siara, os deixou a poucos anos atrás, vítima de uma mordida de serpente quando caminhava entre o roseiral que fazia questão de cultivar muito próximo à sua cabana. Até hoje, Zaira mantém os vasos com as mais belas rosas do Cairo.

Todos os esforços foram em vão, muito tristes, os ciganos lamentaram muito a perda da mãe de Rodrigo, Zaira e Suazi.

Rodrigo tem vinte e seis anos; Suazi, vinte e nove e Zaira, trinta e seis anos.

São ciganos sofridos e experientes que vivem em paz com as outras tribos vizinhas.

Livres, vivem da plantação, da cerâmica produzida pelas ciganas e dos cavalos, aliás, é o que dá mais lucro aos ciganos, pois a sabedoria e o encanto que Rodrigo exerce sobre os animais facilitam a captura de cavalos selvagens, que são de grande número nos arredores do Cairo. Amansados, são muito úteis a todos da região em que se encontram os ciganos. Além, é claro, do comércio de tecidos.

O líder da cavalaria do exército Mameluco chama-se Omã. Ele conhece muito bem os costumes ciganos e também o cigano Rodrigo, famoso naquela região por encantar cavalos. Omã respeita Rodrigo pois depende de seus encanto para reforçar seu exército, afinal, Rodrigo é o grande e único fornecedor de cavalos para a cavalaria comandada por Omã.

Duas vezes por semana, Rodrigo, Suzi e Túlio vão ao Cairo para negociar cavalos, sal, tecidos e cerâmicas. Sempre às segundas-feiras e às quintas-feiras. Aos domingos, as ciganas perambulam pelas ruas do Cairo fazendo adivinhações.

Manhã de segunda-feira.

– Bom dia, Rodrigo!

– Bom dia, Zaira.

– Dormiu bem essa noite?

– Sim, minha querida irmã. Tenho que ir ao Cairo.

– Ainda é cedo, descanse mais um pouco, afinal, dançaste como ninguém ontem.

– Ontem, a música foi muito boa, Zaira, e, confesso, estou muito feliz.

– Sinto alegria em te ver assim.

– Obrigado, querida irmã.

– Vais negociar com os Otomanos?

– Tenho nove cavalos que estão prontos para negociar, estás precisando de algo em especial?

– Gostaria de comer carne de carneiro.

– Trago um lindo carneiro para você.

– Obrigada, meu amado irmão. Você vai levar o cavalo branco?

– Sim, ele já está preparado para servir.

– Mas ele é tão especial.

– Certamente há alguém muito especial esperando por esse cavalo no Cairo.

– Faça o que o seu coração ordena, meu irmão.

– Meu coração diz que tenho que levar esse cavalo.

– Leve-o, então. – diz Zaira já com saudades do animal mais lindo que já havia sido capturado pelo seu amado irmão.

Rodrigo está terminando de se arrumar. Sua cabana fica na parte central do acampamento, é a maior de todas. Lindas almofadas cobrem o chão forrado por tapetes persas legítimos. Cortinas de tecido muito fino separam os cômodos. No canto direito, há uma enorme cama feita de madeira maciça, com cobertas coloridas. A brisa balança as cortinas, refrescando todo o lugar.

– Até que hoje não está muito quente, Zaira.

– Sim, a temperatura está melhor.

– Sabes se já estão todos prontos?

– Quando vinha para cá, vi Suazi se arrumando, passei pela sua cabana para dar-lhe um bom dia.

– E como está Jamila?

– Ela está ótima.

– Falta muito pouco para o nascimento de nosso sobrinho.

– Sim, na próxima lua, ele chega.

– Acompanhe isso bem de perto, Zaira, por favor.

– Pode deixar, Rodrigo. Você está bonito, colocou sua melhor roupa, alguma pretendente?

– Meu coração ainda não foi tocado por nenhuma mulher, Zaira. No tempo certo, viverei o amor prometido pelos meus ancestrais.

– Olhei seu destino dia desses, até comentei com você.

– Não me venha com essa história de amor proibido novamente, Zaira. Pode deixar que estou tendo um cuidado enorme depois que você me falou tudo aquilo.

– Meu amado irmão, podemos fugir de tudo, mas jamais do destino. Ele é implacável, e o seu destino amoroso não é dos melhores.

– Zaira, por favor, vamos deixar esse assunto para outro momento. Agora, preciso ir ao Cairo para negociar.

– Vá, meu irmão, que Devél te proteja.

– Que assim seja, minha adorável irmã.

Rodrigo, após beijar a face de Zaira, deixa a sua cabana. Tomé, seu amigo, o aguarda ao lado de fora com seu cavalo, Hió, devidamente preparado para a longa viagem.

– Bom dia, Tomé!

– Bom dia, Rodrigo.

– Estás bem vestido hoje, meu nobre líder.

– Obrigado, Tomé.

– Senhor, todos os cavalos já estão prontos. Hoje, você está levando um total de nove cavalos, todos domados e prontos para o senhor negociar. Oito comuns e o branco de que tanto gostas.

– Obrigado, Tomé, e onde estão Suazi e Túlio?

– Na saída da aldeia, junto com os cavalos.

– Cuide de tudo aí para mim, Tomé, voltaremos amanhã.

– Certo, Rodrigo, pode deixar. Cuidarei dos animais com carinho.

Assim, Rodrigo monta seu cavalo, que relincha ao perceber que seu dono chegou.

– Bom dia, Hió. – diz o cigano acariciando o dorso de seu animal predileto.

Hió é um cavalo especial, negro de pelagem lisa, é o cavalo mais bonito de toda aquela região.

– Ele parece que te entende, Rodrigo. – diz Tomé.

– E entende mesmo, Tomé. Os animais são sensíveis e sabem exatamente o tamanho do amor que temos por eles.

– Eu acredito nisso, Rodrigo.

– Até breve, Tomé.

– Vá em paz, Rodrigo.

Rodrigo então sobe em seu cavalo e cavalga lentamente em direção ao portão principal do acampamento cigano.

Algumas barracas já estão acesas e as ciganas mais antigas estão na porta para saudar a passagem do líder cigano.

Rodrigo cumprimenta uma a uma com um gesto de respeito, abaixando a cabeça para cumprimentar todas as ciganas que estão à espera de sua passagem.

Ao chegar ao portão, lá estão Suazi, seu irmão, e Túlio, seu fiel companheiro.

– Bom dia, rapazes!

– Bom dia, Rodrigo.

– Olá, meu irmão. Dormiram bem?

– Após a noite inteira de dança e bebida, confesso, estou meio embriagado ainda. – diz Suazi.

– Ontem você exagerou mesmo. – diz Rodrigo.

– Meu filho vai nascer em breve, meu querido irmão, tenho a mulher que sonhei, tenho uma vida perfeita. Só tenho um motivo para tudo o que fiz ontem.

– E qual é? – pergunta Túlio.

– Felicidade, meu nobre, felicidade!

– Que bom, meu irmão, que você está feliz.

– Rodrigo, já está tudo pronto para a viagem, podemos seguir.

– Vamos logo, meus amigos, que precisamos chegar ao Cairo no final do dia.

– Já está tudo certo na estalagem e no curral onde deixaremos os animais descansarem. Pela manhã, bem cedo, negociarmos todos.

– Ótimo, Túlio.

– Vamos só nós três, Rodrigo?

– Sim, vou deixar o Tomé aqui caso haja alguma emergência.

– Certo, vamos então pôr os cavalos na estrada?

– Vamos, Suazi. – diz o Cigano.

Após alguns metros cavalgando, Túlio aproxima-se de Rodrigo e, cavalgando a seu lado, pergunta:

– Colocastes roupa especial hoje, tens algum encontro?

– Não são roupas especiais, são roupas novas, só isso!

– Tens algum encontro especial?

– Deixe de bobagens, Túlio, sabes que vou ao Cairo para negócios.

– É, mas estás tão bem vestido para negócios que, sinceramente, estranhei.

– Estou vestido para negócios e só isso, Túlio.

– Já não está mais aqui quem perguntou. – Risos.

A viagem começa com alegria e sorrisos. Tudo está bem.

Rodrigo vai à frente. Ao seu lado, seu irmão Suazi, e logo atrás, puxando nove cavalos enfileirados está Túlio

À sela de Suazi vem amarrada uma mula, que traz em seu lombo dois grandes cestos cobertos com um pano vermelho. Ali dentro, eles trazem bebida, comida e pães feitos exclusivamente para a viagem.

Suazi é sorriso só, alegre e brincalhão, o irmão mais novo de Rodrigo é só alegria. Casou-se com a cigana mais linda da tribo e está prestes a se tornar pai pela primeira vez.

Em silêncio, eles cavalgam pela região árida do Egito.

Após nove horas de cavalgada, Hió, o cavalo de Rodrigo, para e começa a relinchar.

Todos param preocupados.

– O que houve, Rodrigo?

– Ainda não sei. – diz o cigano descendo de Hió.

Acariciando o rosto do cavalo e olhando fixamente para seus olhos, Rodrigo diz palavras que ninguém consegue entender.

Hió relincha como se conversasse com o cigano.

Suazi e Túlio se aproximam caminhando a pé para tentar entender o que está acontecendo.

Rodrigo permanece olhando fixamente para Hió, que aparenta estar mais calmo.

Rodrigo então sai de perto do cavalo, o deixando a sós.

Suazi e Túlio seguem o cigano, que anda para frente a fim de observar o vale que está à frente de todos.

Ao chegar a um pequeno topo, Rodrigo se ajoelha nas areias do deserto, pega um pouco de terra com a mão direita e começa a cheirá-la.

Suazi e Túlio estão a seu lado em silêncio.

Os cavalos tentam buscar no terreno arenoso algo para comer.

Túlio e Suazi sabem que algo está por acontecer, mas permanecem em silêncio observando Rodrigo.

Após cheirar várias vezes a terra seca e deixar escorregar entre seus dedos punhados de areia, Rodrigo se coloca de pé e se dirige aos cavalos.

– Venham, rapazes, precisamos encontrar um abrigo.

– O que? Como assim um abrigo? – diz Suazi.

– Uma tempestade de areia se aproxima.

– Mas não há nenhuma brisa, Rodrigo.

– Vamos, Túlio, faça o que peço, por favor.

– Vamos para o norte. Quando estávamos vindo, eu vi uma pequena caverna no encosto de um monte de areia.

– Onde?

– Ali, Rodrigo, naquela direção. – diz Túlio.

– Venham, rapazes, tragam os animais.

Rapidamente, Túlio, Suazi e Rodrigo se abrigam em uma pequena caverna de tamanho suficiente para abrigar a pequena caravana de ciganos.

Passados alguns minutos, um forte vento começa a assolar o lugar. Rodrigo então ordena que os olhos dos cavalos sejam tapados com tiras de pano e que todos façam isso até que a tempestade passe.

Em poucos minutos, eles se veem dentro de uma enorme tempestade de areia.

Quietos, todos se agrupam para se auxiliarem caso as coisas piorem.

A noite começa a cair sobre o grupo de viajores e a tempestade não dá sinais de melhora. Preocupado, Suazi se aproxima do irmão para saber o que fazer.

– Rodrigo, será que essa tempestade não vai passar?

– Tenha calma, meu irmão. Logo ela vai cessar e poderemos seguir nossa viagem.

– Mas já estamos aqui há mais de três horas e a tempestade não dá sossego.

– Vamos nos manter calmos, Suazi. – diz Túlio, que ouvia a conversa.

Suazi então se senta ao lado de Rodrigo como se buscasse uma proteção maior.

Rodrigo carinhosamente estende seu braço direito e abraça o irmão aflito, afinal, eles estão há muito tempo sem comer e beber e isso pode fazer mal não só a eles, como pode também prejudicar os animais, que precisam estar bem para que os ciganos consigam fazer uma boa negociação.

Passado algum tempo, enfim a tempestade começa a perder as forças e logo o tempo se normaliza. A tempestade de areia passa. Todos estão bem, embora exaustos pelo ocorrido e sujos pela areia fina do deserto que castigou aquele lugar.

– Olha Rodrigo, a tempestade passou.

– Que bom, Suazi, logo poderemos seguir em frente.

– Não é melhor acamparmos aqui hoje, Rodrigo, e seguir viagem amanhã?

– Não, Túlio. Tenho hora marcada com Omã, e sabes como ele é.

– Não tinha pensado nisso.

– Chegaremos muito tarde ao Cairo.

– Faltam apenas quatro ou cinco horas de viagem, tenham fé, vai dar tudo certo.

– Se você falou, está falado, Rodrigo. – diz Suazi.

– Venham, vamos alimentar os animais, dar-lhes de beber e seguir em frente. – diz o cigano.

– Vamos. – dizem os rapazes.

Assim, após alimentarem-se e alimentar os animais, Rodrigo, Suazi e Túlio seguem viagem para o Cairo.

Após algumas horas...

– Vejam, estamos chegando.

– Não façam barulho, a cidade está dormindo.

– Para onde vamos?

– Vamos direto para o curral, Jurle deve estar nos esperando.

– Certo, vamos, Túlio.

– Mas essa hora, Rodrigo? Será que Jurle está acordado?

– Certamente está, Jurle é um grande amigo e não dormiria sem a minha chegada. Deve até estar preocupado.

– Vamos em frente, então. – diz Túlio.

Cavalgando lentamente, os ciganos chegam ao seu destino.

Após bater suavemente no portão do estábulo de Jurle, Rodrigo é recebido pelo seu amigo com um grande abraço.

– Boa noite, amigos, entrem, não façam barulho, os mamelucos estão a vigiar as ruas. Eu já estava preocupado com você, Rodrigo.

Rodrigo faz um sinal para os cavalos e pede aos amigos que não façam barulho.

Todos entram no espaçoso curral e logo ouvem um grupo de mamelucos que passam pelo lugar galopando rapidamente.

"Estranho", pensou Rodrigo, o que será que está acontecendo?

Após colocar os cavalos em seus devidos lugares e os alimentar, Rodrigo se aproxima de Jurle para saber como estão as coisas no Cairo.

Jurle aguarda Rodrigo sentado em uma pequena cerca na parte exterior do lugar.

– Pronto, Jurle, estão todos acomodados.

– Que bom, meu amigo Rodrigo.

– Obrigado por receber a mim, ao meu irmão e ao meu amigo.

– É sempre uma honra receber você aqui, Rodrigo. Como tens passado? Vocês demoraram dessa vez.

– Estamos bem, e você?

– Muito preocupado, as coisas não andam muito bem por aqui.

– O que houve, meu amigo? Na semana passada, quando deixei o Cairo, parecia que tudo estava bem.

– Há rumores de que o exército de Napoleão se aproxima do Cairo.

– Como assim? Isso é verdade?

– Sim, você ouviu ainda há pouco os soldados patrulhando as ruas?

– Sim, ouvi. Assim que chegamos, eles passaram em patrulha pela rua.

– Pois é, amigo, estamos vivendo tempos difíceis aqui no Cairo. Se eu fosse você, não ficaria muito tempo por aqui. Sabes que tens a credencial de livre acesso ao Cairo porque és um fornecedor de cavalos para o exército de Omã, caso não foste tão útil para eles, certamente já teriam escravizado a ti e a teus seguidores.

– Agradeço sua preocupação, Jurle, mas não são só rumores?

– Não são rumores. É fato. Em breve, será travada uma grande batalha aqui. Que Alá esteja conosco.

Rodrigo se mantém em silêncio por alguns minutos, o que Jurle lhe disse lhe causou enorme preocupação. Se o exército de Napoleão está vindo para o Cairo, certamente passará pela sua tribo. Ele pensa no pior. Seu coração se enche de preocupações.

– Jurle, a quantos dias está Napoleão de nós?

– De três a cinco dias, dizem. Ainda dá tempo de vocês se salvarem.

– Se isso for verdade, muita coisa há de mudar nesta região.

– Sim, Rodrigo, muita coisa vai acontecer no Cairo. os soldados de Napoleão são sanguinários e covardes, é o que dizem.

– Meu nobre amigo, eu posso te pedir uma coisa?

– Sim, claro, Rodrigo.

– Não comente nada com o meu irmão e com o Túlio. Eu vou pedir para que eles voltem para a minha tribo e tomem algumas providências. Você pode arrumar alguns pães e um pouco de água fresca para que eles possam seguir a viagem de volta?

– Pode ficar tranquilo, nada falarei e vou providenciar os alimentos.

– Jurle, você por acaso tem algum mapa do Egito para me emprestar?

– Tenho um guardado em meu quarto, vou buscá-lo para você.

– Obrigado, meu amigo.

Jurle deixa o curral e se dirige à sua casa, que fica bem ao lado do lugar onde se hospedam cavalos para os negociantes.

Há diversos animais naquele lugar.

Rodrigo então se aproxima de Túlio e Suazi, que estão deitados sobre um monte de feno descansando após alimentarem e colocarem todos os animais em suas devidas cocheiras.

Rodrigo se aproxima e se senta em um banco colocado estrategicamente por ele para poder conversar com Túlio e Suazi.

– Estão cansados?

– Eu até que não, só estou um pouco incomodado com a areia nas partes íntimas. – diz Túlio.

– E você, Suazi?

– Eu estou bem, Rodrigo.

– Pois eu tenho um pedido a fazer a vocês.

– Diga, meu irmão.

– Eu preciso que vocês voltem para o acampamento e sigam exatamente uma ordem que vou lhes dar.

Suazi se levanta e se senta assustado.

– Ordem? Como assim? O que houve, meu irmão?

– Não posso falar, apenas preciso que vocês sigam as minhas orientações.

– Rodrigo, o que você determinar, eu farei. – diz Túlio se sentando.

– Meu irmão, o que houve?

– Suazi, eu sou líder de nossa tribo e tudo tenho que fazer para proteger a todos, portanto, eu preciso que você volte imediatamente para o acampamento e siga, junto com a Zaira, as minhas orientações. Túlio vai estar ao seu lado para lhe auxiliar.

– Eu só gostaria de saber o que está acontecendo, Rodrigo.

– Certo. Segundo Jurle, o exército de Napoleão Bonaparte está vindo em nossa direção, querem tomar o Cairo. Precisamos proteger toda a nossa tribo.

Suazi mostra-se muito preocupado.

– Tenha calma, Suazi. Somos ciganos e estamos protegidos pelos nossos ancestrais, lembre-se disso.

– Minha esposa, meu filho...

– Tenha calma, Suazi. Ouça Rodrigo. – diz Túlio.

O momento é de extrema preocupação.

– Eu não posso ir embora e te deixar aqui, Rodrigo. – diz Suazi.

– Eu tenho que ficar, negociar nossos cavalos e saber qual é a situação real. Preciso saber mais sobre essa invasão e ver o que é melhor para todos nós.

– Ele tem razão, Suazi. Rodrigo precisa saber de tudo.

– Mas se eles te fizerem alguma coisa, como iremos saber?

– Eles não vão me fazer nada, eles precisam dos meus cavalos. Lembre-se disso.

– Mas, Rodrigo, se estão prestes a entrar em guerra, tudo pode mudar. – diz Suazi.

– Confie em mim, meu irmão.

– Ouça Rodrigo, Suazi. – diz Túlio.

– Está bem, o que quer que eu faça?

– Preste muita atenção. – diz Rodrigo.

– Diga. – diz Suazi e Túlio se aproximando de Rodrigo.

– Diga a Zaira que ordeno que nosso acampamento mude de lugar imediatamente. Arrumem as mulheres e crianças e partam em, no máximo, dois dias. Eu sei que o tempo é apertado, mas vocês precisam sair daquele lugar o mais rápido possível.

– Eu vou falar com Zaira. Para onde iremos? – diz Suazi.

– Estou esperando Jurle me trazer um mapa, onde vou mostrar para vocês para onde irem.

– Rodrigo, dois dias é muito pouco para arrumarmos tudo.

– Peguem o que puderem, colham em nossas plantações os alimentos que conseguirem. O que ficar, queimem. Levem todos os cavalos, as cerâmicas, os tecidos, o sal, o que conseguirem, e o que vocês não conseguirem, deixem para trás e queimem, lembrem-se disso. Os cavalos que vocês não conseguirem levar, soltem-nos. Mulheres e crianças devem seguir em carroças, não percam tempo algum com vontades alheias, sigam as minhas orientações.

– Se não pudermos levar tudo, devemos destruir o que ficar?

– Sim, façam uma grande fogueira e queimem tudo, não deixem rastros.

– Certo. – diz Suazi.

Jurle se aproxima trazendo em suas mãos um mapa do Egito e duas sacolas com alimentos.

– Aqui está, Rodrigo. Sarah preparou essas refeições para vocês. – diz Jurle entregando a Rodrigo o mapa e as sacolas contendo alimentos.

Rodrigo puxa um pedaço de madeira que está ao lado e o faz como uma mesa para poder abrir o mapa.

Jurle se aproxima do grupo trazendo uma pequena lamparina.

– Olhem, aqui está a nossa tribo. – diz Rodrigo apontando com o indicador o local exato onde está o grande acampamento cigano.

O mapa apresenta toda a região.

– Sigam por essa estrada até a Península do Sinai. Chegando lá, acampem. Protejam-se, cuidem das mulheres e crianças. Digam a todos os ciganos que essa é uma ordem expressa minha e que todos devem obedecer. Diga para

Zaira não se preocupar comigo, vou terminar minha negociação aqui e sigo para encontrar vocês no Sinai. É uma viagem longa, eu sei, mas que nos distancia de Napoleão. Assim que eu chegar ao encontro de vocês, decidirei para onde iremos. Eu preciso saber mais sobre essa invasão e suas consequências. Preciso estar a par do que está acontecendo para o bem de todos. Que Deus proteja todos vocês.

– Eu cuido do Rodrigo enquanto ele estiver aqui, rapazes. – diz Jurle.

– Meu amado irmão Rodrigo, sabes que a nossa tribo não conseguirá seguir adiante sem você. Por isso, cuida-te para que nenhuma desgraça recaia sobre nossa família.

– Fique tranquilo, Suazi, eu sei me cuidar.

– Meu amigo, estarei orando por você.

– Obrigado, Túlio. Agora, vão, rapazes. Sigam as minhas ordens e cuidem de tudo.

Todos se levantam e se abraçam. Suazi deixa correr uma lágrima em seu olho, Rodrigo percebe e abraça novamente seu irmão mais novo. Por alguns segundos, eles sentem a alma um do outro entrelaçadas pelo amor fraterno.

– Vão, rapazes, sigam para salvar a nossa tribo. – diz o cigano em voz firme.

Jurle lhes entrega uma bolsa com pães frescos e dois Odres* contendo água fresca.

**Odre: espécie de saco feito de pele, usado para transporte de líquidos.*

– Obrigado, Jurle, por tudo. – diz Suazi.

Todos se abraçam novamente e despedem-se.

Rodrigo fica a observar seu irmão e seu melhor amigo irem embora após verificarem se não havia nenhum Mameluco na rua.

– Eles já foram, venha descansar, Rodrigo.

– Agradeço, amigo, mas vou ficar aqui mais um pouco, preciso colocar meus pensamentos e minhas orações em dia.

– Eu vou descansar, já está quase amanhecendo o dia, preciso estar preparado para as negociações de amanhã. – diz Jurle.

– Bom descanso, amigo, e obrigado por tudo o que tens feito por mim.

– Eu é que agradeço por ter um amigo como você, Rodrigo.

– Vá descansar.

Jurle deixa o lugar deixando uma pequena lamparina que ilumina o lindo cigano, que se senta e começa a orar.

Rodrigo então, após um breve descanso, se ajoelha e começa uma linda oração.

Agradeço a ti, meu Senhor dos céus, por cuidar de minha caminhada terrena, peço-te pelo meu irmão, que está neste momento cavalgando em direção à minha tribo. Senhor, guarde todos aqueles que amo, eu te peço neste dia. Olhe por todos os que sofrem pelas guerras que os homens acham necessárias para viver. Peço, Senhor, que tenhas piedade dos pecadores que ainda não compreendem seu amor. Guarda, Senhor, meus amigos e todos os ciganos da minha tribo.

Obrigado, Pai de amor, por tudo o que tens me presenteado. Obrigado, meus ancestrais, pela proteção divina e por estarem sempre ao meu lado me orientando e guiando os meus passos.

Após fazer suas preces, Rodrigo se deita sobre o feno para descansar naquela noite.

Ele dorme em sono profundo.

“

Semeias na terra os frutos que colherás na vida espiritual.

”

Cigano Rodrigo

O dia seguinte

Amanhece no Cairo. O sol está a pico. As ruas, infestadas de pessoas e negociantes. Muitas carroças passam carregadas com as mudanças de moradores que fogem do lugar.

Jurle se aproxima do amigo cigano, que ainda dorme sobre o feno macio.

– Bom dia, Rodrigo!

– Bom dia, nobre amigo. Demorei-me a acordar, estou muito cansado pela longa e desgastante viagem de ontem.

– Desejas descansar um pouco mais?

– Que horas tem?

– Já passa das oito.

– Estou, na verdade, atrasado para o encontro com Omã.

– Ele já passou por aqui, olhou os cavalos e seguiu para a grande arena. Está aguardando os negociantes para mais uma vez tirar proveito dos inocentes agricultores e colonos.

– Jurle, não diga isso.

– É isso o que ele faz o tempo todo, Rodrigo, só os mamelucos levam vantagens nas negociações. Exceto, é claro, com você.

– É que eu trago sempre os melhores cavalos dessa região, e ele gosta, na verdade, de belos cavalos.

– Eu gostaria de saber como é que você consegue animais tão perfeitos.

– Eu os encanto. – diz Rodrigo se levantando e se dirigindo a um cocho para pegar água e lavar o rosto.

– Não use essa água, Rodrigo, está suja com a boca dos animais.

– Essa é que é boa, meu amigo, assim, eles sentem o meu cheiro e se encantam comigo. – diz o cigano sorrindo.

Rapidamente, Jurle retira de seu ombro uma toalha branca e entrega nas mãos de Rodrigo para que ele possa secar o rosto.

– Obrigado, Jurle. – diz Rodrigo lhe devolvendo a toalha após secar o rosto. A barba está por fazer.

– Olha, se eu fosse uma mulher, eu não deixaria você escapar, Rodrigo. Me perdoe, mas você é muito bonito. Se tivesse uma filha, eu a oferecia para você.

– Amigo Jurle, minha amada está na estrada do mundo a me esperar. Eu ainda não a encontrei, mas quando eu a encontrar, lhe entregarei todo o meu amor.

– Estás à procura?

– Como lhe disse, ela está no universo a me esperar, no dia certo, na hora certa e no lugar certo, eu a encontrarei.

– Como sabes disso?

– Sou cigano, homem, cigano! – Risos.

– Aquele cavalo branco que você trouxe me parece ser um animal especial.

– É um cavalo especial mesmo, Jurle, eu não iria trazê-lo para negociar, mas olhei bem nos olhos dele e ele me pediu para vir. Eu ouço os animais, meu amigo.

– É um lindo cavalo. Se eu tivesse dinheiro, compraria de você.

– Quer ficar com ele?

– Não, eu acho que o novo dono dele está a esperá-lo.

– Eu sei que ele é especial, e certamente irá para alguém muito especial.

– Venha, venha tomar um café na minha humilde casa.

– É um prazer, meu amigo.

Rodrigo então põe seu braço direito sobre o ombro de Jurle, e juntos, eles caminham em direção a pequena e modesta casa que fica nos fundos do grande terreno onde está o curral.

Rodrigo trocou de roupa e se banhou durante a madrugada. Ele veste uma linda camisa branca de mangas longas, uma calça azul escuro e botas pretas. A camisa larga por dentro da calça e aberta deixa à mostra seu peito, onde traz um lindo colar feito pedras semipreciosas colhidas no Nilo pelas ciganas de sua tribo. No cabelo longo, fitas de cor azul escuro que se entrelaçam no longo cabelo, combinando com os lindos olhos azuis claros do jovem cigano.

– Entre, Rodrigo, sente-se aqui. – diz Jurle oferecendo uma cadeira para que Rodrigo possa se sentar à pequena mesa na sala.

– Sarah! – grita Jurle.

– Sim, meu senhor!

– O Rodrigo chegou, traga algo para quebrar o jejum.

– Sim, meu senhor. – diz a mulher do cômodo vizinho.

– E então, Rodrigo, se essa guerra acontecer, o que você fará?

– Quem sabe, negociar os meus cavalos com Napoleão.

– Napoleão possui a maior esquadra de navios já vista nessa vida. Dizem que já tomou Alexandria e agora quer devolver aos Otomanos o Egito. Ele não vai querer saber de cavalos, Rodrigo.

– Será que Napoleão é tão bonzinho assim? Devolver o Egito?

– É o que dizem por aí, Rodrigo.

– Eu tenho é que resolver logo a questão dos nove animais que trouxe e voltar o mais rápido possível para o meu grupo. Tenho minha família a me esperar. Posso usar seu banheiro, Jurle?

– Sim, claro.

– Preciso escovar os dentes.

– Faça isso, meu amigo. Eu tenho que te contar uma coisa, Rodrigo. – diz Jurle caminhando ao lado de Rodrigo, que se dirige ao banheiro. – Ontem, quando estive no mercado central, vi lá uma multidão de homens de posses tentando negociar a filha de Jamal.

– Quem é Jamal? – diz Rodrigo escovando os dentes com a porta do banheiro aberta.

– Irmão de Omã, que acaba de chegar a cidade e está em residência na chácara de Omã.

– O que tem a jovem de tão especial?

– A beleza.

– Como se chama a menina?

– Sula. Filha de Jamal e Samira. Tem ainda dois irmãos, Molné e Julius. Todos cobiçam a jovem. Há promessas de todos os tipos.

– Que ela faça uma boa escolha.

– Quando você a vir, tenho certeza de que se surpreenderá com tamanha beleza em uma só mulher.

Rodrigo fica calado e volta a se sentar na sala esperando pelo café matinal enquanto seca suas mãos em uma toalha dada por Jurle.

Sarah entra na sala trazendo uma bandeja com pães árabes, algumas pastas e chá quente e fresco.

– Bom dia, Rodrigo!

– Bom dia, Sarah. Vejo que está bem! – diz o cigano lhe beijando a face.

– Sim, melhorei das dores que sentia nas pernas.

– O chá que lhe recomendei funcionou?

– Olha, Rodrigo, acredito que foi realmente o chá que você me recomendou que curou as dores das minhas pernas, por isso, preparei umas pastinhas especiais para você hoje.

– Obrigado, Sarah, sempre que precisar de mim, estarei ao seu dispor.

– Ela tomou todos os dias o chá que você recomendou, Rodrigo, e olha como está bem!

– Eu fico feliz em poder ter ajudado, Jurle.

– Vamos comer. – diz o anfitrião.

– Sim, vamos.

Após deliciarem-se do café matinal, Rodrigo prepara seu cavalo Hió para seguir viagem até a grande arena onde os cavalos são apresentados e leiloados.

Os empregados a serviço de Jurle já providenciaram tudo. Os animais que o cigano trouxe já foram levados para o mercado central.

Cavalos selados, Rodrigo e Jurle fazem montaria com destino ao comércio central para as negociações.

A cavalgada é lenta pois há muitas pessoas na rua. Algumas fazendo suas mudanças, fugindo da terrível ameaça que ronda o lugar. Homens e mulheres carregam trouxas de roupas e mantimentos sobre as costas.

Lado a lado, Rodrigo e Jurle cavalgam lentamente.

– Parece que todos estão fugindo, Jurle.

– Sim, estão todos com medo. Muitos irão ficar para ver de perto a batalha. Os mais medrosos e fracos estão a fugir para as cidades mais próximas.

– Se realmente Napoleão chegar, o que você vai fazer? Já tens um plano?

– Rodrigo, eu tenho certeza que Napoleão vai chegar, tenho meus contatos. Se queres saber, todos precisam de um bom estábulo, um bom curral, até os generais.

– Bem pensado, amigo.

– Eles sempre precisam de mim.

– És um sábio, meu amigo.

– Aprendi com você. – Risos.

Após alguns minutos, finalmente Rodrigo e Jurle chegam ao mercado central e se dirigem até a arena.

Uma multidão cerca o lugar.

Todos querem negociar animais. Cavalos, mulas, carneiros, ovelhas, cabritos, galinhas, porcos e aves são negociados por todos naquele lugar.

À direita, na cabine superior, está Omã. Ao seu lado, dois soldados mamelucos. À sua frente, um outro grupo de soldados guarda o lugar.

Todos os animais são apresentados para ele que, com gestos, dispensa aqueles que não tem interesse em comprar.

Omã percebe a chegada de Rodrigo e, com um gesto com as duas mãos, o convida a subir em seu camarote.

Prontamente, Rodrigo atende ao desejo do general.

– Olá, meu caro amigo cigano, como tem passado?

– Com sua licença, meu nobre Omã, tenho passado bem!

– Trouxeste animais valiosos?

– Hoje, eu lhe trouxe nove animais, dos mais lindos e fortes que tenho em meu rebanho. São animais de puro sangue, selvagens, que eu mesmo encantei para seu uso, meu senhor.

– Peça que entrem os cavalos do Rodrigo. – ordena o general.

Todos param para olhar os cavalos que o Rodrigo trouxe, um grande silêncio se faz no lugar.

Uma a um, eles adentram a arena. Olhos arregalados e eufóricos compradores começam a cochichar. São cavalos selvagens, lindos e com pelagens iluminadas. São de várias cores, malhados, marrons, amarelos e o lindo cavalo branco.

Omã não consegue esconder sua alegria e prazer em ver animais tão bonitos.

– Rapaz, como você consegue isso?

– Eu sou encantador de cavalos, meu senhor. – diz Rodrigo.

– São maravilhosos, parabéns!

– Obrigado, Senhor!

– Eu quero todos. Quantas moedas você quer por eles?

– Duzentas moedas, meu senhor.

– Negócio fechado, são meus.

Omã pega uma sacola de moedas que estava sobre uma pequena mesa à sua frente, onde, ao lado, havia uma garrafa de vinho e algumas taças, e entrega nas mãos de Rodrigo, que agradece Omã com um gesto de cabeça.

Rodrigo ameaça sair quando Omã o chama.

– Não vá embora, meu rapaz, quero que conheças a minha sobrinha. – diz Omã.

– Se é de sua vontade, eu espero, meu senhor.

Voltando para a tribuna, Rodrigo se coloca de pé ao lado de Omã.

– Vá chamar o meu irmão Jamal e peça a ele para trazer aqui a minha sobrinha Sula.

– Sim, meu senhor. – diz um de seus soldados.

Omã se põe a conversar com Rodrigo.

– Então, Rodrigo, quando é que você vai me trazer mais cavalos?

– Na próxima semana, senhor.

– Sabes que temos a maior cavalaria do Egito?

– Sim, meu senhor, sei muito bem disso.

– Dizem que Napoleão está vindo em nossa direção. Pobre homem, não faz ideia de quantos cavalos eu tenho para combatê-lo. Vamos derrotá-lo facilmente.

– Se isso for realmente verdade, meu senhor, desejo-lhe boa sorte.

– Não me deseje nada, cigano, me traga mais cavalos.

– Na próxima semana, senhor, se tudo correr bem, estarei aqui com mais cavalos.

– Não tem como trazer essa semana?

– O meu acampamento fica um pouco distante, meu senhor, o tempo de ir e voltar é de dois dias. Posso tentar voltar, sim.

– Traga quantos você tiver. Precisamos reforçar o nosso exército.

– Está bem, meu senhor.

Jamal adentra a arena trazendo ao seu lado uma jovem coberta por um véu que cobre todo o seu corpo e o rosto.

Todos ficam excitados com a presença da jovem tão cobiçada por todos os homens do Cairo.

– Já ouviste falar da minha sobrinha, cigano?

– Meu amigo Jurle me falou sobre a beleza da jovem.

– Ela é o tesouro da família.

– Que bom, meu senhor.

– Quero presenteá-la com um dos seus cavalos e quero que você recomende qual devo dar a ela.

– Qualquer cavalo que eu trouxe é recomendado para uma dama, meu senhor, eles são mansos.

– Rodrigo, você não está entendendo, eu quero que você escolha o melhor cavalo para a minha sobrinha, e peço ainda que você a ensine a cavalgar. Você pode fazer isso?

– Senhor, eu tenho que voltar à minha tribo ainda hoje.

– Lhe pago outras duzentas moedas pelo serviço.

"Duzentas moedas para ensinar alguém cavalgar..." pensou o cigano.

– Faço isso por dois dias, meu senhor.

– Se você conseguir que ela cavalgue em dois dias, lhe pago e podes seguir viagem. Melhor, tome aqui as moedas, confio em você. – diz Omã entregando mais um saco de moedas a Rodrigo.

– Obrigado, meu senhor.

Imediatamente, Rodrigo guarda a outra sacola com as moedas.

Todos aplaudem a chegada de Jamal, Samira e seus filhos.

O silêncio toma conta do lugar.

Jamal sobe a tribuna e se senta ao lado de Omã. Sua esposa e filhos se sentam próximos uns aos outros. Rodrigo está de pé próximo ao lugar onde Sula se senta.

Ele sente algo inexplicável com a presença daquelas pessoas, algo que ele sabe ser espiritual.

– Me passe um pouco de água, por favor. – pede o cigano ao serviçal que serve o lugar.

Suas mãos estão trêmulas e ele não sabe explicar.

Silenciosamente, Rodrigo faz uma prece. Ora aos seus ancestrais para lhe acalmar o coração. O que será isso? Aquela presença lhe fez estremecer a alma.

– Jamal, meu amado irmão, esse é o Rodrigo, encantador de cavalos. – diz Omã.

– Muito prazer, meu jovem. – disse Jamal estendendo a mão para cumprimentar Rodrigo.

– Peça que tragam todos os cavalos que comprei do cigano. – ordenou Omã para seus soldados.

– Sim, meu senhor! – respondeu um deles.

Um a um, os cavalos adentraram a arena e foram posicionados em frente ao camarote onde toda a família de Omã está.

Nove cavalos perfilados um ao lado do outro.

Sula se levanta para olhar melhor aqueles lindos animais.

Rodrigo se surpreende com a atitude da jovem, que lhe olha por detrás do véu.

Seus olhos se encontram pela primeira vez. O cigano mal consegue ver o rosto da jovem menina, mas os olhos ele jamais esquecerá.

Olhos azuis como os seus.

Sua pele se arrepia e ele começa a suar frio, que rosto esconde aquele véu? Quem será essa mulher que mexeu com todos os seus sentidos? Será ela a mulher da sua vida? Quais as possibilidades...

– Sula, escolha qual cavalo você quer para você. Será meu presente de seu aniversário. – diz Omã.

– Meu honrado tio, não entendo muito de cavalos. Na verdade, nem sei andar em um.

– Isso não é problema, minha adorável sobrinha. Hoje mesmo, o meu amigo Rodrigo vai começar a lhe ensinar a cavalgar. Ele é um encantador de animais.

Novamente, Sula olha para Rodrigo, que não consegue esconder suas emoções.

Os olhares se encontram novamente e há algo que eles não sabem explicar. Sula também sente algo inexplicável.

– Você não vai falar nada, Rodrigo? – pergunta Sula.

– Será um prazer, senhorita, lhe ensinar a cavalgar.

– Sinto-me honrada com sua caridade.

– De nada, senhorita. – diz Rodrigo olhando fixamente para a jovem escondida sob um véu de cor azul claro.

Samira percebe que sua filha está encantada com a beleza do jovem cigano. Mas logo pensa ser impossível tal relação, afinal, ela é uma nobre e ele um simples cigano, embora muito bonito.

Jamal agradece o presente e pede a Rodrigo para indicar o melhor cavalo para a sua filha.

– Qual é o melhor animal para a minha filha, meu jovem?

– Meu senhor, eu acredito que o branco seja o melhor cavalo para a sua filha. É um cavalo que eu mesmo cuidei com muito carinho. É manso e responde bem a todos os comandos.

– Você gostou do branco, minha sobrinha?

– Sim meu tio, acho ele bem bonito, e se o Rodrigo diz ser o indicado para mim, eu o aceito como presente, meu tio.

– Então peço a você, Rodrigo, que leve o animal para o curral de Jurle, e assim que estiver tudo pronto, você vai levá-lo para a casa de Jamal para dar início aos ensinamentos de cavalaria à minha sobrinha.

– Sim, meu senhor, farei isso. – diz Rodrigo.

– Agora vá e leve o animal.

– Bons dias a todos. – disse o cigano se despedindo do lugar.

Sula não consegue esconder suas emoções, seu coração palpita em seu peito. Será aquele lindo cigano o amor de sua vida? "Como é lindo esse rapaz", pensa a jovem de apenas dezoito anos.

Logo Samira pede a Jamal para voltar para casa, diz não se sentir bem. Na verdade, ela quer ter uma conversa com Sula antes de começar as aulas de montaria. Ela percebeu que os jovens se olharam de uma forma diferente, uma forma que nunca tinha visto a sua filha se comportar.

– Omã, meu nobre, tenho que ir para casa. – diz Samira.

– Vá, minha querida, e cuide bem dessa menina.

– Obrigada pelo presente, meu tio. – diz a jovem.

– De nada, Sula. – diz Omã.

Assim, Sula e Samira deixam o lugar.

Ao se aproximarem da carruagem que as levaria para casa, elas encontram novamente com Rodrigo, que está preparando a montaria do cavalo branco de Sula para levá-lo para o estábulo.

Hió está ao lado do cigano esperando que tudo fique pronto para seguirem viagem.

Sula então se afasta rapidamente da mãe, se aproxima de seu cavalo e começa a acariciá-lo.

Rodrigo se assusta com a presença de Sula, mas ele fica feliz.

– Olá, Rodrigo.

– Olá, senhorita.

– Você disse que é encantador de cavalos, é isso mesmo?

– Sim, eu sou encantador de cavalos.

– Como é que se faz isso?

– Eu não sei muito bem como te explicar, só sei que nasci com isso. Eu tenho enorme facilidade em domar cavalos.

– Foi você foi quem domou esse que o meu tio me deu?

– Sim, eu mesmo.

Samira se aproxima.

– Bom dia, meu rapaz!

– Bom dia, senhora!

– Vamos embora, Sula.

– Espere um pouco, mamãe, eu gostaria de saber mais sobre o meu cavalo.

– Você pode saber disso quando ele estiver te dando aula.

– Só um minuto, mamãe, por favor!

– Vou te esperar na carruagem, o sol está muito quente, não tire o véu.

– Está bem, mamãe.

Samira se afasta indo em direção à carruagem.

Sula continua acariciando seu animal.

– Qual o nome devemos dar a ele?

– O cavalo é seu, você é quem deve escolher seu nome.

– Esse cavalo aí ao lado é seu?

– Sim, é o meu cavalo.

– Qual o nome dele?

– Hió.

– Como?

– Hió. Que quer dizer forte em romani, a língua do meu povo.

– Você é mesmo um cigano?

– Sim, sou cigano.

– De onde?

– Eu venho da África, mas já andei por vários lugares. Na verdade, nós ciganos não temos um lugar fixo, somos como o vento.

– Como assim como o vento?

– Livres.

– Entendi. Qual o nome você daria para o meu cavalo, Rodrigo?

– Se fosse meu, eu a chamaria de Shon.

– Por que esse nome?

– Porque ela brilha como uma luz da noite. Seu pelo branco reflete da lua, assim, eu a chamaria de Shon. Ela é uma linda potra.

– Você se incomoda se eu der esse nome a ela?

– Eu vou te ensinar uma coisa. – disse Rodrigo se aproximando de Sula.

– Diga.

– Quando você for dar um nome a algum animal, você deve pegar no rosto dele, olhar dentro de seus olhos e dizer o nome que você quer que ele te atenda, entende?

– Sim. – diz Sula.

– Isso te aproxima de seu animal e sela fidelidade entre vocês.

– Mas para fazer isso eu preciso retirar o meu véu?

– Se não desejas fazer isso agora, podes fazer em outra hora.

– Creio que não terei outra oportunidade como essa. A minha mãe e meus irmãos me vigiam durante todos os minutos de minha vida.

– E por que a sua mãe confiou você a mim neste momento?

– Não sei, só sei que se eu demorar um pouco mais, ela manda os criados atrás de mim. Quer saber? Vou fazer isso agora.

Sula então retira o véu que lhe cobra toda a cabeça, deixando aparecer toda a sua beleza.

Morena de olhos azuis, cabelos longos, lisos e negros, dentes brancos e um rosto perfeito como não se vê em nenhum lugar do Egito. Suas mãos são perfeitas, de pele suave, unhas lindas e tem um sorriso que não se consegue explicar.

Rodrigo fica paralisado ao ver tanta beleza em uma só mulher. Seus olhos se fixam naquele rosto perfeito.

Ela então pega o rosto de sua égua com as duas mãos, olha para Rodrigo que, paralisado, mal consegue respirar, e diz:

– Você está bem, Rodrigo?

– Sim. Perdoe-me, senhorita.

– Quais são as palavras que tenho que dizer para Shon?

– Diga: "minha amada Shon, nosso encontro se deu nesse momento de luz em minha vida, assim, a partir de hoje, eu e todos iremos te chamar de Shon. Você é a luz que está em minha vida, chegou para iluminar a minha caminhada, juntas cavalgaremos pelas estradas da vida, uma ao lado da outra, juntas para sempre".

Sula repetiu palavra por palavra dita por Rodrigo lentamente para que ela não perdesse tempo em dar um nome a sua égua.

Terminado o batismo, rapidamente a jovem cobre a cabeça com o seu véu.

Envergonhada e percebendo que Rodrigo ficou corado com sua beleza, ela se despede do cigano se dirigindo à carruagem onde sua mãe a espera.

– Bons dias, Rodrigo, espero que não demore a ir até a minha casa para me dar as primeiras aulas.

– A que horas você quer que eu esteja lá?

– Às duas horas. Pode ser?

– Estarei em sua casa nessa hora.

– Até lá, então.

– Até, senhorita.

Sula se afasta deixando paralisado um lindo cigano.

Aquele momento jamais será esquecido por Rodrigo. Demorou um pouco para ele se refazer de tanta emoção.

Às duas da tarde, lá estava Rodrigo e seu cavalo Hió. Amarrada à sela de Hió está Shon.

Ao chegar ao portão principal da propriedade, ele é barrado pelos guardas que dão segurança ao lugar.

Um dos rapazes pede para ele aguardar porque irá anunciar sua presença.

– Senhora, há um rapaz no portão que diz vir dar aula para a senhorita Sula. Ele traz uma égua branca.

– Pergunte se é o Rodrigo e deixe-o entrar. Eu vou avisar a Sula que ele chegou. – diz Samira.

Sula está em seu quarto vestida para a cavalgada. Ansiosa, ela esperava por Rodrigo.

Ela usa uma roupa apropriada para a ocasião.

– Aquele rapaz está no portão com o seu cavalo, Sula.

– Aquele rapaz se chama Rodrigo, mamãe, e meu cavalo é uma égua, que chamamos de Shon.

– Shon? Que quer dizer isso? De onde você tirou esse nome?

– É um nome cigano, mamãe, e quer dizer Lua.

– Ele é muito bonito, não é, filha?

– Sim, mamãe, ele é lindo, gentil e muito educado.

– Não pense em ter nada com ele. Ele é cigano e ciganos não prestam.

– Mamãe, você nem o conhece.

– Nem preciso conhecer para saber que não presta. Ciganos são imundos, vivem pelas estradas, não têm ambições, não têm patrimônio, não têm riquezas, enfim, não têm nada para te oferecer.

– Mamãe, não diga isso do rapaz. Ele só veio aqui para me dar uma aula, só isso!

– Trate-o como um empregado, um simples empregado que está aqui para te ensinar a andar de cavalo.

– Eu sei, mamãe, pode ficar tranquila.

– Não vá para longe, há rumores de guerra se aproximando do Cairo.

– Pode deixar, mamãe. Eu nem sei montar a cavalo direito, imagine ir para longe.

– Está bem, agora vá para a sua aula.

Sula deixa o quarto com uma sensação de felicidade em seu coração. Reencontrar Rodrigo a deixa feliz.

Rapidamente, ela chega ao portão da chácara. Traz um pequeno véu que lhe cobre parte da cabeça para protegê-la do sol escaldante do Egito.

– Boa tarde, Rodrigo. – diz a jovem sorrindo.

– Boas tardes, Sula.

– Estamos prontos. Qual é a primeira lição?

– Se me permites, quero te explicar sobre o equipamento que você vai utilizar nessa montaria.

– Me explique isso depois, vamos cavalgar?

– Você já andou a cavalo?

– Claro que sim, Rodrigo, temos diversos animais aqui na chácara. E de onde venho, cavalo não é novidade.

– Então por que é que o seu tio me pediu para te ensinar a cavalgar?

– Não faço a menor ideia. Ele não sabe nada sobre mim, Rodrigo, só quer se exibir para a família.

– Você sabe mesmo cavalgar?

Sula pega as rédeas de Shon, e em um salto rápido, ela se senta sobre a égua.

Impressionado com a destreza da jovem, Rodrigo olha tudo aquilo paralisado, sem entender os motivos daquele encontro.

– Você vai ficar ai me olhando?

Rapidamente, o jovem cigano monta seu cavalo Hió, e lado a lado, eles começam a cavalgar.

– Perdoe-me por isso, Sula.

– Perdoá-lo pelo quê?

– Eu não sabia o que fazer, achei que você fosse uma menina que não sabia cavalgar e que eu deveria lhe ensinar tudo.

– Eu acho que o meu tio pediu a você para me ensinar a cavalgar nesse cavalo. Acho que ele ficou com medo por se tratar de um cavalo selvagem. Ele acha que eu posso me dar mal com esse animal, só isso. Repare, ele nem sabia que era uma égua.

– Eu a encantei, ela jamais fará mal a alguém.

– Eu acredito nisso, Rodrigo, mas meu pai e meu tio não são assim, eles desconfiam de tudo. Isso tem o dedo do meu pai, podes ter certeza.

– Você é muito bonita, Sula.

– Obrigada, Rodrigo, você também é um homem muito bonito.

– Quando é o seu aniversário?

– Amanhã. Mas por que a pergunta?

– Seu tio me falou que era presente de aniversário. Quantos anos você vai fazer?

– Dezenove anos. Por que?

– Aniversários são dias especiais. Nós ciganos comemoramos muito os aniversários.

– Por que?

– Porque são únicos. E não voltam mais.

– Isso eu sei. Mas por que você perguntou sobre o meu aniversário?

– Na verdade, eu gostaria de saber a sua idade.

– Faço dezenove anos amanhã.

– Felicidades, Sula.

– Obrigada, Rodrigo. Mas me fale um pouco de você, o que você faz, onde vive?

– Eu sou cigano, lidero minha tribo. Como te disse, vivo ao vento.

– Você é um líder cigano?

– Sim, lidero minha tribo.

– Perdoe-me, mas quantos anos você tem?

– Vinte e sete.

– Com vinte e sete anos você já é um líder cigano?

– Sim, herdei a minha tribo do meu pai quando ele faleceu. Na verdade, a herança seria para a minha irmã, Zaira, mas como ela é mulher, herda o primeiro mais velho dos herdeiros.

– Você tem mais irmãos?

– Sim, somos eu, Zaira e Suazi.

– Como é viver como cigano?

– É viver a liberdade.

Cavalgando, eles se afastam ainda mais da sede principal da chácara. A tarde é propícia para o passeio, uma leve brisa refresca todo o lugar. Pássaros cantam na linda tarde do Cairo.

– E você já se casou? Tem esposa, filhos?

– Sou solteiro, ainda não apareceu quem conquistasse o meu coração.

– Você é muito bonito para viver sem ninguém, Rodrigo. Tens namorada?

– Não, não tenho namorada. E você? Como é viver sendo assediada por tantos homens?

– Meu coração não se encanta facilmente, Rodrigo. Nada me faz acreditar que o amor esteja condicionado ao dinheiro, à fortuna, às classes e muito menos ao status que temos que ter.

– Sério que você pensa assim?

– Sério que eu penso assim. Sabe, Rodrigo, eu hoje vivo com a minha mãe, mas quem me criou foi a minha avó, e ela me ensinou muita coisa da vida.

– Como assim você não foi criada pelos seus pais?

– Não, só estou com eles há pouco mais de um ano. A minha avó me preparou para a vida, inclusive, foi ela quem me ensinou a cavalgar. Meus pais nada sabem disso. A minha avó me dizia que a minha vida não seria em um só lugar, ela dizia que conseguia ver o meu futuro. Minha mãe não acreditava muito nisso, até o dia em que a minha avó previu a morte do meu avô.

– Nós ciganos acreditamos fielmente nisso.

– Nisso o que?

– Prever o futuro. Temos nossas técnicas e magias para ver o futuro.

– Acho que a minha avó em algum momento de sua vida foi uma cigana.

– Qual era o nome dela?

– Raquel.

– Nunca ouvi falar de nenhuma cigana chamada Raquel.

– Vamos parar para descansar?

– Sim, perdoe-me. – diz Rodrigo, que desce rapidamente de Hió e auxilia Sula a descer de seu cavalo. Ao pegar a jovem pela cintura, Rodrigo sente uma enorme vontade de tê-la em seus braços.

– Vamos nos sentar aqui.

– Sim, Sula.

Rodrigo e a jovem se sentam embaixo de uma enorme árvore à beira de uma pequeno riacho onde os cavalos se dirigem para beber uma pouco de água.

– Me fale mais um pouco sobre a sua avó, Sula.

– Minha avó foi, na verdade, a minha verdadeira mãe. Eu não sei exatamente os motivos que fizeram os meus pais deixarem a minha avó me criar. Sinceramente, essa história é um grande segredo de família, mas pouco me importa. Só sei que a minha avó/mãe me ensinou muita coisa.

– E o seu avô, o que fazia?

– Eles eram camponeses. Vivíamos da criação de gado que fornecíamos para a corte.

– E hoje, como está tudo isso? Acabou?

– Sim. Com a morte da minha avó, a minha mãe vendeu tudo e eu fui trazida para cá.

– Você está bem? Não está triste por perder a sua avó?

– Minha avó sempre me disse que a vida não termina. Que um dia ela me deixaria para viver uma outra vida em outro lugar e em outro corpo.

– Eu também acredito nisso. Sabe, o meu grande pai sempre me disse que nada existe por acaso. Que tudo tem um motivo de ser e de acontecer. Dizia sempre que estamos ligados uns aos outros sem nem mesmo perceber.

– A minha avó sempre me disse isso também.

– Por que será que ela tinha esses pensamentos ciganos?

– A história da minha avó é um baú de segredos. Pouco soube dos reais motivos que ela teve para viver distante de todos. Além disso... porque eu sempre vivi com ela.

– Nossa, quanto mistério.

– Pois é, Rodrigo. Agora estou aqui, após perder a minha mãe/avó, sem entender muito bem minha vida.

– Vocês não estão preocupados com a guerra que se anuncia?

– O meu tio esteve lá em casa ontem e disse que será apenas mais uma batalha que ele irá vencer. Ele está bem confiante.

– E se não vencer?

– Não sei muito bem, Rodrigo, não pensei muito sobre isso. Aliás, eu não entendo nada de guerra.

– Dizem que as tropas estão a se aproximar, tens que pensar em uma saída caso algo dê errado.

– Se algo der errado, eu me escondo em algum lugar, e assim que as coisas se acalmarem, eu volto ou fujo para bem longe. E você, o que vai fazer?

– Quando eu cheguei aqui com o meu irmão e um amigo, logo fui informado da possibilidade da guerra, então ordenei a eles que voltassem para a nossa tribo e fugissem o mais rápido possível para bem longe desse lugar.

– Tomara que todos se salvem.

– Se salvaram. Nós ciganos estamos na estrada há muitos séculos, já passamos por muitas guerras. Temos expertise nesses casos.

O olhar de Sula se perde olhando a linda paisagem à frente. Rodrigo, percebendo que a jovem está perdida em seus pensamentos, fica calado apenas observando o lindo rosto daquela linda mulher.

Após alguns minutos e com os olhos mareados, Sula pede ao cigano ara voltarem para casa.

– Vamos voltar?

– Sim, é o que desejas?

– Sim.

– Está tudo bem?

– Sim, estou bem, só quero voltar para casa.

– Então vamos.

Após auxiliar Sula a subir em seu cavalo e ter o prazer de tocar novamente em seu corpo, Rodrigo monta em seu cavalo, Hió, e ambos seguem em silêncio até a residência onde todos esperam por Sula preocupados.

E ao chegarem...

– Amanhã você pode vir no mesmo horário, Rodrigo?

– Amanhã é o meu último dia aqui, Sula.

– Você vai embora?

– Tenho que ir encontrar-me com a minha gente. Mas venho às duas horas para te dar a última aula e sigo meu destino.

– Está bem, eu vou te esperar aqui neste mesmo horário amanhã, pode ser?

– Sim, claro. Tenha uma boa noite.

– Para você também. Até amanhã.

Novamente, os olhares se fixam e parecem não querer se separar.

Sula abaixa a cabeça, ela cobre seu lindo rosto com o pequeno véu e entra para a sua casa. Há um pouco de tristeza em seu coração.

Rodrigo monta Hió e segue para a casa de seu amigo Jurle.

"

As almas se encontram na encarnação para juntas traçarem um novo destino.

"

Nina Brestonini

Outro dia

Foi uma noite muito difícil para ambos, Rodrigo buscava entender o que estava acontecendo em seu coração, pois havia muito tempo que não se relacionava com ninguém. Havia algo a mais naquela linda menina.

Quase não dormiu a noite.

Ao acordar, se dirigiu à casa de Jurle para o café matinal.

– Bons dias, Jurle!

– Bom dia, Rodrigo! Você não foi embora ontem à noite?

– Omã me pediu para dar algumas aulas à sua sobrinha.

– A jovem Sula?

– Sim.

– E você conseguiu?

– Na verdade, ela já sabe andar a cavalo. O receio de Omã é de que o cavalo não esteja acostumado com outra pessoa, e como fui eu quem o adestrou, assim, por receio, ele me pediu para acompanhar sua sobrinha nos primeiros dias de montaria.

– Não foi isso que eu quis saber.

– O que queres saber, meu nobre amigo?

– Você conseguiu ficar tão perto dela e não se apaixonar?

– Confesso, tanta beleza me tocou profundamente.

– Ela é muito bonita mesmo, não achas?

– Existe uma beleza em cada ser que precisa ser explorada.

– Como assim?

– Sula é ainda uma menina, mas tem muita sabedoria, e foi essa a parte dela que me encantou.

– Vocês conversaram?

– Muito, passamos toda a tarde de ontem juntos.

– Perdoe-me te dizer uma coisa, Rodrigo, mas seus olhos não me enganam.

– Como assim?

– Conheço olhares apaixonados, meu amigo.

– Não estou apaixonado.

– Só ainda não percebeste.

– Deixe de bobagens, Jurle, não posso me apaixonar assim, tenho muitas responsabilidades com a minha gente.

– O que isso impede?

– Sou um líder cigano, minha tribo tem mais de duzentas e cinquenta pessoas, é muita responsabilidade, meu amigo.

– Claro que sim, mas observe o que o destino está fazendo com você. Preste atenção nos sinais, cigano.

– Se tem alguém que acredita no destino, somos nós ciganos.

– Então, acredite, essa menina é a mulher de sua vida!

– Será?

– Rodrigo, você mandou o seu irmão e o Túlio irem correndo para salvar a sua tribo. E olha como você está... você está calmo como nunca.

– Confio no meu povo, só isso!

– Sabes por acaso se Napoleão não os pegou primeiro? Tens certeza de que estão todos salvos?

– Confio em Deus, tenho o sagrado em meu coração. Nada acontecerá ao meu povo. E quer saber? Hoje parto para reencontrá-los.

– Você vai embora agora?

– Não, ainda tenho uma aula para dar a Sula hoje à tarde. Mas logo que acabar, pego a estrada de volta.

– Que horas?

– Que horas o que?

– A aula.

– Às duas da tarde.

– Posso te convidar para ir comigo até a vila?

– O que tem lá?

– Amigos que precisam de ajuda.

– Achas necessário que eu vá?

– Eu gostaria muito de te mostrar uma coisa.

– Se insistes, irei com você.

– Então vamos tomar um bom desjejum e partimos.

– Fica longe?

– Apenas uma hora a cavalo.

Sarah, que ouvia a conversa da cozinha, adentra à sala trazendo o desjejum.

– Bom dia, Sarah!

– Bom dia, Rodrigo.

– Gratidão pelo desjejum.

– É sempre uma honra para mim e para Jurle te receber em nossa casa.

– Eu é que fico feliz com tanto carinho e cordialidade.

– Espero que goste dos pães que preparei especialmente para o dia de hoje. E olhe, já preparei uma sacola com alguns pães e bolos para a sua viagem de volta.

– Não tenho palavras para te agradecer por toda essa preocupação, Sarah.

– Eu é que agradeço pelo lindo tecido que você trouxe para mim. Vou costurar um lindo vestido para usar aos domingos.

– Ela gosta muito quando você vem, Rodrigo, e traz tecido para Sarah.

– Espero que fique feliz, Sarah, essa é a forma que tenho para te agradecer por tudo.

– Não precisava, Rodrigo.

– Vocês são amigos de muito tempo, e amigos assim devemos sempre ter perto do coração.

– Ensinamento cigano?

– Sim, Sarah, ensinamento cigano.

– Agora, vamos comer, temos uma visita a fazer. – diz Jurle.

– Sim, vamos. – diz Rodrigo.

Sarah deixa os amigos se alimentando e se dirige ao curral, ela leva água fresca para Hió.

Após o desjejum, Rodrigo, Jurle e um empregado se dirigem a um lugar que eles chamam de Vila.

Em uma pequena carroça, Jurle juntou alguns sacos de ração, trigo, feno fresco, barris com água fresca e cobertas separadas por Sarah.

– Venha, Rodrigo, aproxime Hió do meu cavalo para conversarmos um pouco.

– Estou admirando a beleza desse lugar, Jurle.

– É, as obras estão dando sentido ao Cairo.

– E como está a história de Napoleão?

– Há um enorme silêncio sobre isso. Ibrahim diz que são demônios que precisam ser combatidos sem dó.

– Quem é Ibrahim, Jurle?

– O grande general Mameluco, o chefe de Omã. Ele é quem domina o Cairo.

– Acreditas em demônios, Jurle?

– Se Alá diz que existem, tenho que acreditar. E você?

– Nós ciganos não acreditamos que o mal esteja somente em um espírito, em uma só pessoa, entende? nós acreditamos que o mal é algo que temos dentro da gente. Nós acreditamos também na reencarnação, e que é através das reencarnações sucessivas que expurgamos todo o mal que possamos ter feito. É através das vidas sucessivas que nos purificamos para retornar ao criador. Alá, como preferir. Acreditamos que nossos ancestrais estão sempre ao nosso lado nos orientando e guiando nossa caminhada.

– Em mais o que vocês acreditam?

– Acreditamos em muitas coisas, Jurle. Tudo o que está vivo tem alma e, se tem alma, tem Deus a guiar. Resumindo, é nisso que nós ciganos acreditamos.

– Por isso vivem soltos ao vento?

– Acreditamos que as coisas materiais são coisas do mundo dos homens e a ele pertencem. Não chegamos vestidos, e se chegamos nus, certamente voltaremos nus, portanto, vivemos intensamente, cantamos, dançamos, nos alegramos e buscamos sempre a justiça divina, pois é ela quem nos guiará para sempre.

– Interessante, Rodrigo.

– Respeitamos quem pensa diferente. Isso é o mais importante.

– Admiro seu jeito de acreditar em Alá.

– Que Alá nos proteja, amigo!

– Sim, que Alá nos proteja.

– Esse lugar chamado Vila, o que tem lá?

– Na verdade, é um vale onde ficam pessoas que precisam de auxílio.

– Então tudo isso que você e Sarah separaram é para doar às pessoas que precisam de ajuda?

– Sim, o Cairo não é lugar de pessoas pobres, os Mamelucos obrigam os mais humildes a viverem na periferia de nossa cidade, e é para lá que vou todos os meses levando comida, coberta e ração para os animais que auxiliam esse povo na agricultura familiar.

– Que lindo gesto, meu amigo!

– Alá me dá em sobras, tenho que dividir sempre que possível.

– Nós ciganos dividimos sempre tudo o que Deus nos dá.

– Vamos entrar aqui nessa trilha à esquerda, ela é que nos leva à Vila.

– Vamos.

Após alguns minutos, Rodrigo, Jurle e seu criado chegam a uma vila de aproximadamente oito casa muito humildes, feitas de barro e cobertas com folhas de tamareiras.

Crianças correm para receber Jurle, que é saudado por todos.

Rodrigo observa e se emociona com a recepção amorosa que seu nobre amigo recebe.

Jovens, crianças e senhoras se aproximam saudando Alá pela bondade de Jurle.

Eles descem dos cavalos e são levados a uma grande varanda onde estão todos os moradores da pequena Vila trabalhando em artesanato e separando sementes para o plantio.

– Jurle, seja bem-vindo! – diz Samir abraçando o nobre amigo.

– Olá, Samir.

– Vejo que trazes um amigo.

– É o meu amigo, o cigano Rodrigo.

– Seja bem-vindo, amigo, cigano Rodrigo.

Aischa é levada para abraçar Jurle.

– Essa é Aischa, Rodrigo, minha querida Aischa.

Rodrigo olha para a jovem de aproximadamente quinze anos, ele observa que ela é cega pois tem um véu que lhe cobre totalmente os olhos.

Tateando, Aischa se aproxima de Rodrigo e o abraça. Com as mãos, a jovem passa sobre os cabelos e sobre o rosto do cigano e diz:

– Como é bonito esse moço!

– É o meu amigo cigano, Aischa. Ele realmente é muito bonito.

– Ele tem uma beleza interna mais bonita do que a externa, tio.

Sem graça, Rodrigo abraça a menina com roupas simples.

– Estou feliz em te conhecer, Aischa. – diz Rodrigo.

– Você está muito perto do seu grande amor, moço.

– Oi, como assim?

– Você está com o coração do amor. Algo lhe tocou a alma.

– Aischa! – grita Samir.

– Deixe-a. – diz Layla se aproximando e pegando Aischa pelo braço.

– Venha, minha neta.

– Não repare, Rodrigo, dizem que Aischa é vidente, vê coisas com os olhos da alma.

– Nós ciganos também vemos coisas com os olhos da Alma.

– O senhor é cigano?

– Sim, minha senhora. Eu sou cigano.

– O que faz um cigano por essas bandas?

– Estou a trabalho no Cairo, mas hoje mesmo, volto à minha gente.

– Vovó, eu preciso dar um recado a esse moço. – diz Aischa.

Samir se aproxima e pede em voz baixa que leve Aischa para dentro da pequena casa.

– Venha, Aischa, venha para dentro. – diz Layla.

– Mas vovó, é importante.

– Não perturbe o rapaz com suas doidices, Aischa. – diz Samir.

– Venha, Aischa. – insiste a avó.

– O que trazes para nós, meu amigo Jurle?

– Trouxemos comida, água fresca, ração e cobertores para o frio da noite.

– Ajudem o empregado descarregar a carroça. – ordena Samir.

Dois homens que estavam separando sementes se levantam e seguem para auxiliar o empregado se Jurle a descarregar a carroça.

Rodrigo se senta em um banco muito próximo a uma mesa, onde repousa um vaso de cerâmica com água fresca.

– Está com sede, cigano?

– Se não se importa, posso beber um pouco de sua água?

– Claro que sim, amigo. Nós aqui não gostamos muito de ciganos, mas se você está com Jurle é porque é um bom cigano.

– Mas por que vocês não gostam de ciganos?

– Fomos enganados por eles uma vez.

– Deixe isso de lado, Samir, Rodrigo é um grande amigo. – diz Jurle.

– Perdoe-me, Samir, mas será possível o senhor permitir que a sua filha me revele o que ela vê? – pede Rodrigo.

– A minha filha só tem quinze anos. Aos nove, ela perdeu a visão após um incêndio em uma de nossas casas. Os olhos queimaram. A partir desse tempo, ela começou a ver coisas. Muitas pessoas vêm aqui para que ela faça adivinhações, isso não é bom para uma menina.

– Rodrigo é um grande amigo, Samir. Eu devo muita coisa a esse cigano. Sarah, minha mulher, é sua maior admiradora, conhece o coração desse rapaz. Se você permitir que Aischa olhe o futuro dele, eu vou ficar muito feliz. – diz Jurle se sentando ao lado de Rodrigo.

– Eu vou lá dentro falar com ela e já volto.

– Obrigado, Samir. – diz Rodrigo.

– Beba água, cigano. – insiste Samir.

– Você quer água também?

– Sirva para nós dois. – diz Jurle.

– O que será que essa menina tem para me revelar, Jurle? – diz Rodrigo.

– Muitas pessoas vêm até aqui para Aischa ver seus destinos.

– Estou curioso agora.

– Quer saber, Rodrigo? Sarah me pediu para te trazer até aqui para Aischa olhar seu destino. Embora você não tenha percebido, o que fiz foi intencional.

– Sarah? Como assim?

– Sim, ela mesma. Não sei qual foi o feitiço que você fez com a minha mulher, mas ela tem uma enorme admiração por você. Ela me pediu que te trouxesse aqui.

– Mulheres...

– Beba água, Rodrigo.

Rodrigo e Jurle bebem água felizes. Eles se sentem alegres pois ficam felizes em ver que as pessoas que receberam as coisas trazidas por eles estão contentes.

– Olha como eles ficam felizes quando trago essas coisas, Rodrigo.

– Parabéns, Jurle, você é um homem bom, percebo nitidamente a alegria em seus olhares e sorrisos.

– Sabe aquele cavalo que você me deu no mês passado, Rodrigo?

– Sim, um garanhão e tanto.

– Pois bem, eu o vendi por 10 moedas.

– Como você conseguiu isso?

– Ele é realmente um grande garanhão. Cobriu seis éguas em dois dias.

– Sabia que ele era especial, por isso, fiz questão de presenteá-lo ao invés de vendê-lo.

– Sou muito grato a tudo o que você fez e faz por mim e pela Sarah, Rodrigo.

– Vocês são amigos.

– E quer saber?

– Diga.

– Das 10 moedas, pegamos 8 moedas e transformamos em alimento para esse povo.

– Meu amigo, como tenho orgulho de você.

– Eu é que agradeço todos os dias a Alá por ter conhecido você, Rodrigo.

Samir se aproxima do grupo.

– Olhe, lá vem Samir. – diz Jurle.

– É, e não trouxe a menina.

– Vamos ouvir, Rodrigo, o que ele tem a dizer.

Samir se aproxima lentamente.

– Amigos, conversei com Layla e Aischa, elas vão conversar com o amigo cigano. Venham, vamos até a casa de Layla.

Rodrigo, Jurle e Samir se dirigem à terceira casa da vila.

Aischa está sentada em um tapete ao chão. A seu lado, há um incensário com alguns incensos acesos. O ambiente é perfumado, limpo e muito aconchegante.

– Sente-se à sua frente, cigano. – diz Layla.

Rodrigo então se senta no chão à frente da menina.

– Dê as mãos a ela. – ordena Layla.

A menina parece estar em transe.

Ofegante, ela logo começa a falar algumas coisas para Rodrigo.

– Tua linhagem é nobre. Estás em missão aqui no Egito, viestes para reencontrar seu grande amor, e com ela conduzir sua tribo para lugares seguros onde a guerra não possa vos alcançar.

Tens uma irmã de muitas vidas e é ela quem vai lhe dar a maior lição de amor.

Encontraste com teu amor há poucos dias. Ela está te esperando para juntos caminharem em sua nova direção.

Haverá perdas que te farão fraquejar. A dor da perda lhe atingirá em cheio. Mas seja forte, confie, tens muito a dar.

És cigano desde sua criação. Espírito eterno destinado ao amor.

Eu preciso que todos saiam, tenho um segredo a revelar para o nobre cigano.

Layla, Jurle e Samir deixam a sala.

Aischa revela a Rodrigo alguns segredos que o deixam extremamente preocupado. Ele permanece calado e pensativo.

Após alguns minutos, Aischa chama todos de volta à sala.

Layla se aproxima da neta, Jurle se senta próximo à porta e Samir observa tudo calado.

Após mais algumas revelações, Aischa começa a tremer e todos ficam preocupados.

Layla se aproxima da neta e a ampara segurando-lhe pelas costas.

– Fujam o mais rápido possível, um grande exército está chegando para muitos matar. Eles serão os novos donos do Egito. Vocês não devem aqui ficar. Fuja, Rodrigo, e leve sua amada para bem longe. – ordena Aischa.

Aischa desmaia nos braços de sua avó Layla.

Samir, preocupado, pede que todos deixem o lugar.

Rapidamente, Rodrigo e Jurle se dirigem aos seus cavalos amarrados muito próximo.

Rodrigo fica muito preocupado com a menina, mas decide acatar as ordens de Samir e deixar o lugar imediatamente.

– Venha, pegue o seu cavalo e vamos embora, Rodrigo. – diz Jurle já montado em seu cavalo.

Rapidamente, Rodrigo e seu amigo deixam o lugar.

Jurle ordena ao seu empregado que recolha as coisas e volte ao Cairo.

Galopando, ambos seguem em direção a cidade.

– Vamos, amigo, venha rapidamente.

Após uma hora de galope, finalmente eles chegam ao curral onde Hió é colocado para descansar.

– Eu tenho que conversar com Sarah. – diz Jurle afoito.

– Faça isso, vou dar um pouco de água a Hió e vou seguir para a morada de Sula.

– Converse com ela, Rodrigo, fale com ela sobre as previsões de Aischa.

– Não tenho intimidade para tal assunto, meu nome amigo.

– Deixe a vergonha de lado e fale com ela.

– Lhe prometo que tentarei.

– Olhe as ruas do Cairo, estão todas vazias, algo está por acontecer.

– Sim, observei isso. Parece que todos fugiram enquanto estávamos fora.

Nesse instante, Sarah aparece nas cocheiras.

– Sarah, o que está havendo?

– Os soldados deram um toque de recolher, dizem que as tropas de Napoleão estão muito próxima da cidade. Mandaram todos ficarem dentro de suas casas, o conflito é iminente.

– E agora, Rodrigo, o que faremos?

– Fique trancado em casa, Jurle, junto com Sarah. Eu vou buscar Sula e volto para te pegar.

– É muito perigoso, Rodrigo, os soldados estão em todos os lugares.

– Venha aqui, meu amigo cigano. – diz Jurle.

Ambos se dirigem a um pequeno quarto que há nos fundos dos estábulos. Jurle pega duas grandes capas que cobrem todo o corpo e ordena a Rodrigo que vá buscar Sula.

– Vista essa capa, ela vai te disfarçar, e leve essa outra para Sula.

– Me dê, amigo!

Rodrigo pega as capas, veste uma delas e coloca a outra sobre os ombros.

– Agora, pegue seu cavalo e vá o mais rápido possível salvar sua amada. Leve essa sacola com alimentos.

– Que Alá te proteja, meu grande amigo cigano! – diz Sarah,

Rodrigo abraça Sarah e Jurle. Imediatamente, ele monta Hió, que parece saber a missão que tem pela frente. Disparando em direção a chácara em que mora Sula, Rodrigo e seu fiel amigo mal sabem o perigo que os espera pelo caminho.

Galopando ligeiramente, seguem seus destinos.

Sarah e Jurle entram para casa e começam a arrumar suas coisas. Eles não sabem o que fazer.

– Pegue o essencial, Sarah. Vamos esperar Rodrigo e partir com ele. Não sei bem se devemos ficar no Cairo neste momento. Tenho medo de Napoleão.

– Estão todos apavorados, dizem ser Napoleão e seu exército homens sanguinários. – diz Sarah.

– Confiemos em Alá. – diz Jurle.

Há fumaça e barulho de batalha pelas ruas do Cairo. O exército de Napoleão adentra a cidade matando todos que encontram pela frente.

A resistência é fraca. Rapidamente, Napoleão começa a tomar a cidade.

Rodrigo galopa entre os soldados que guerrilham matando-se uns aos outros.

Finalmente ele chega ao portão principal da propriedade, onde Sula o espera.

Oito soldados mamelucos fazem a segurança do portão principal. Ao perceber ser impossível passar por ali, o cigano dá meia volta e decide ir por detrás da propriedade, quem sabe está descoberto de segurança.

Da janela de seu quarto, Sula vê Rodrigo galopando em sua direção. Seu coração se acelera.

Rapidamente, ela arruma em uma sacola algumas peças de roupa e se dirige ao portão dos fundos da propriedade. Ela fica no cômodo onde são guardadas as selas e demais apetrechos para cavalgar, deixando todos os seus familiares sem entender o que ela faz.

– Onde você vai, Sula? – pergunta Jamal.

– Vou me esconder no celeiro, meu pai.

Jamal percebe que a filha está com medo e autoriza a menina e ir para o cômodo próximo ao celeiro, na parte dos fundos da propriedade.

– Fique no quarto onde guardamos as selas.

– Sim, meu pai.

Samira está em seu quarto ao lado e seus empregados tentam acalmá-la dando-lhe água e tranquilizantes naturais. Ela se prepara para sair da cidade.

Jamal se junta aos soldados a fim de proteger a propriedade.

Rodrigo finalmente chega à porta de trás. Sula está lhe esperando.

– Rodrigo, aqui, venha, entre! – grita a jovem.

Logo o cigano a vê e corre em sua direção.

Um caloroso abraço une novamente aquelas almas.

– Temos que sair imediatamente daqui. – diz Rodrigo.

– Eu estava te esperando. – diz Sula dando a mão ao cigano.

– Onde está o seu pai?

– Ele só está preocupado com as coisas materiais. Pouco se importa comigo. Eu sei que as coisas não vão acabar bem, Rodrigo, por favor, me tire daqui.

– Onde está Shon?

– Ela está no outro curral.

– Temos como pegá-la?

– Meu tio mandou alguns soldados para dar segurança a todos nós. Se eles te virem, teremos problemas. Temos que ter cuidado.

– Onde está Shon?

– No outro curral, como já disse.

– Onde fica? É isso que quero dizer.

– Venha, eu vou te mostrar. – diz Sula pegando Rodrigo.

Sula segura a mão de Rodrigo, o leva até uma janela e lhe mostra um outro estábulo que existe na propriedade, que fica a uns cinquenta metros do lugar onde eles estão.

– Olhe, é lá.

– Ela está solta ou está amarrada?

– Ela está solta em sua cocheira, a terceira à esquerda de quem entra.

– Tem mais cavalos lá?

– Uns vinte.

Sem falar mais nada, Rodrigo então coloca dois dedos sobre os lábios e emite um alto assobio.

Ouve-se Shon relinchar.

– Ela te ouviu, Rodrigo! – dia Sula.

O cigano então repete o assobio.

Furiosa, Shon derruba a porta de sua cocheira e sai correndo em direção a Rodrigo e a Sula que, feliz, sorri em ver que sua égua obedeceu ao chamado de Rodrigo.

– Ela está vindo, Rodrigo.

– Onde podemos achar uma sela para ela?

– Aqui tem a minha predileta, ela fica separada.

– Venha, vamos pegar a sela para colocar nela. – diz o Cigano.

Sula pega a sua sela e espera a sua égua chegar.

Rodrigo abre a porta do pequeno cômodo para permitir a entrada da égua de Sula, que chega relinchando feliz em rever seu amigo.

Rapidamente, ela é selada e está pronta para seguir viagem.

– Antes de ir, eu preciso fazer uma coisa. – diz Rodrigo.

– O quê?

– Preciso soltar os outros animais.

– Mas os soldados podem te ver.

– Fique aqui com Shon, eu já volto.

Rodrigo se arrisca. Corre abaixado até o curral do outro lado da propriedade e consegue soltar todos os animais, que galopam para bem distante do conflito.

Ele então volta a encontra-se com Sula.

– Você conseguiu?

– Sim, estão todos livres.

– A cada minuto que passa, mais eu te admiro.

– Você tem certeza de que quer vir comigo?

– Não tenho outra opção, Rodrigo. Meus pais nunca foram meus pais, minha avó já não está mais entre nós, e eu tenho que sair daqui antes que as tropas inimigas alcancem nossa propriedade.

– Então vista essa capa, suba em Shon e me siga.

Sula coloca a capa dada por Rodrigo, que lhe esconde todo o corpo.

Após verificar se está tudo perfeito, Rodrigo observa como está a saída do lugar. Ele também veste a capa.

Sem empecilhos, eles saem em disparada pela estrada dos fundos da grande chácara.

Após alguns minutos, diminuem a velocidade e passam a cavalgar um ao lado do outro.

– Você está bem?

– Sim, Rodrigo, só estou um pouco assustada.

– Vamos encontrar com um grande amigo meu e iremos em direção à minha tribo.

– Está bem, precisamos sair daqui imediatamente.

– Vamos conseguir. E os seus irmãos, onde estão?

– Eles estão com a minha mãe, eles já estão preparados para fugir para Gisé. Meu pai é que complica as coisas. Ontem à noite, já havia rumores do ataque de hoje. A minha mãe é muito medrosa, então meus irmãos arrumaram tudo, e quando você chegou, eles já estavam se preparando para a viagem. Eu estava orando para você aparecer logo, eu não queria ir com eles.

– E por que você quer fugir comigo?

– Não sei, sinto-me melhor a seu lado. Desde ontem, algo me diz que tenho que ficar perto de você.

– Confias em mim sem nem me conhecer.

– Sigo a voz de meu coração, Rodrigo.

– E o que ele disse?

– "Vá com Rodrigo".

– Desde o dia em que te vi, perdi totalmente o rumo da minha vida, Sula, eu estava aqui para negociar cavalos, e olha onde estou? Sequer consegui voltar para a minha tribo, algo me prende a esse lugar, algo me prende a você.

Os olhos novamente se encontram. Cavalgando lentamente um ao lado do outro, Sula estende sua mão para tocar as mãos de Rodrigo.

Ele pega a mão de Sula, que fixa o olhar em Rodrigo.

– A minha avó me disse uma vez que "as almas se encontram novamente para juntas traçarem um novo destino".

– Você acredita nisso?

– Sim, Rodrigo, eu acredito no amor vindo de outras vidas.

– O que você quer dizer com isso?

– Não sei. Desde o dia em que te vi, meu coração não parou de acelerar. Sinto arrepios quando estou perto de você, meu coração acelera como fosse explodir, minha alma quase sai do meu corpo.

– Sula, eu sou um líder cigano. Tenho sob minha responsabilidade mais de duzentos ciganos. Confesso, não esperava que acontecesse o que está acontecendo comigo.

– E você está gostando?

– Não sei bem certo o que dizer, eu só sei que perdi o rumo quando os meus olhos se viram no seu olhar. Hoje mesmo, uma menina cega me disse que encontraria o grande amor da minha vida.

– Uma menina cega?

– Sim, eu fui com o meu amigo visitar uma vila, e lá havia uma menina de nome Aischa, que ficou cega quando era menor. Ela faz previsões, aliás, não são previsões, ela enxerga com os olhos da alma.

– O que ela disse?

– Disse que meu coração estava muito próximo do grande amor da minha vida.

– Quando te vi pela primeira vez, enxerguei em você tudo o que sempre sonhei, Rodrigo.

– Sinto que meu coração parece que vai sair do meu peito quando olho para você, Sula.

– Sempre sonhei com alguém igual a você, Rodrigo.

– Como assim?

– Um cavalheiro de verdade, um homem gentil, carinhoso, amoroso e, acima de tudo, com coragem para viver a vida como tem que ser.

– Tenho muitas responsabilidades, Sula. Minha vida é como o vento, não tenho um destino certo, mas aprendi com os meus ancestrais que dessa vida levamos aquilo que de bom praticamos. "Colhemos na vida futura os frutos de nossa coragem e de nosso amor, aquilo que semeamos".

– Que lindo, Rodrigo!

Sula para a cavalgada e olha fixamente para Rodrigo, que para seu cavalo, Hió, bem encostado ao dela. As pernas se tocam e eles se sentem mais íntimos ainda.

Rodrigo pega Sula pela mão direita e a puxa. Sula pula de seu cavalo se senta na sela de Rodrigo, ficando de frente para ele. Um abraço une os dois corpos suados e os lábios se encontram em um ardente beijo.

Sula segura a cabeça de Rodrigo e o beija intensamente, parece que é um amor de longas vidas.

Os corações se encontram em batidas fortes, a respiração é ofegante, as mãos acariciam todo o corpo. O sal do suor se mistura ao doce sabor de um longo e desejado beijo.

Sem perceber, Rodrigo e Sula estão sobre Hió agarrados e apaixonados.

Shon, a égua de Sula, se afasta e pasta procurando alimento sem fazer barulho.

É fim de dia no Cairo.

Após muita carícia e amor, eles finalmente abrem os olhos e se encontram como almas desejosas e saudosas.

– Eu amo você, Rodrigo.

– Eu estava te esperando, Sula.

– O destino nos uniu novamente.

– Sim, eu sinto isso também, sinto que esse pulsar de coração já esteve perto de meu peito. Sinto que seus lábios já me pertenceram e que seu corpo já esteve muitas vezes perto do meu, eu sinto que sua pele faz parte do meu corpo.

– Eu sinto que seus lábios já foram meus, Rodrigo.

– Como é bom estar aqui, Sula.

– E pelo visto, vamos passar a noite aqui, não é, Rodrigo?

– Meu Deus, já está escurecendo, precisamos ir.

– Para onde vamos?

– Vamos encontrar um amigo e seguir para onde estão os meus.

– Com você ao meu lado, eu vou para qualquer lugar do mundo.

– Então vamos, é perigoso ficar aqui.

– Vamos. – diz a jovem descendo de Hió e se dirigindo à sua égua, Shon.

– Espere, tenho uma coisa para te dar. – diz Rodrigo descendo de Hió.

Sula fica observando quando Rodrigo desce de seu cavalo e se dirige a uma pequena mata que existe naquela linda estrada.

Após alguns minutos, ele volta trazendo em suas mãos um lindo buquê de flores nativas.

Rodrigo se aproxima de Sula, que desce de seu cavalo para receber das mãos do cigano as tão lindas flores.

– Feliz aniversário, meu amor – diz o cigano.

– Eu te amo! – diz Sula abraçando Rodrigo e beijando seus lábios.

Ambos se beijam por alguns minutos.

A noite começa a cair no Cairo. As estrelas começam a brilhar no lindo céu negro.

“

O medo é inimigo da felicidade.

”

Sula

O Cairo

O silêncio é total no Cairo, as ruas estão desertas. Não há uma só alma na cidade.

– Rodrigo, estou com medo.

– Fique calma, Sula, eu estou aqui.

– Mas tem algo errado, as ruas estão desertas, não há ninguém aqui, nenhum barulho.

À frente, há uma pequena taberna abandonada.

– Vamos parar aqui, Sula. Esse lugar é seguro.

– Será seguro mesmo?

– Está abandonada. Não tem ninguém aqui.

Sula e Rodrigo descem de seus cavalos e caminham em direção à taberna.

– Veja, não tem ninguém aqui. – diz Rodrigo.

– Por que paramos?

– Vou deixar você aqui e vou seguir até a casa de meu amigo. Volto com ele para te pegar e seguimos viagem.

– Você vai me deixar sozinha aqui?

– Hió ficará com você.

– Um cavalo?

– Um cavalo treinado para defender quem eu amo. Ele é capaz de matar por você, Sula.

– Você não vai demorar, não é?

– A casa de meu amigo fica no outro quarteirão. É bem perto daqui.

– E por que não vamos até lá?

– Provavelmente, a rua dele está patrulhada. Ele é quem tem o melhor curral da cidade.

– É longe?

– Não, é na rua onde ficam os estábulos, a rua do mercado.

– Certamente está patrulhada. – diz Sula.

– Fique aqui, eu vou ver meu amigo e volto com ele.

– Você vai tomar cuidado?

– Sou cigano, Sula. Estou com o meu punhal, qualquer coisa, sei bem me defender. Venha, fique aqui dentro com Hió e Shon.

– Não demore, meu amor!

– Não vou demorar.

Rodrigo beija o rosto de Sula, que pega seu rosto com as duas mãos e lhe beija a boca.

– Agora fique quieta, não faça barulho. Eu já volto!

– Está bem, só não demore.

Rodrigo veste a capa, que lhe cobre todo o corpo, e caminha rapidamente pelas ruas escuras do Cairo.

O silêncio é total, várias casas foram incendiadas pelos invasores. Há corpos espalhados pelo chão. Rodrigo está muito preocupado com Jurle, o que lhe faz acelerar ainda mais a caminhada.

O curral de Jurle arde em fogo. Rodrigo se desespera. Rapidamente, ele consegue acessar a casa de Jurle, que fica nos fundos da propriedade. Felizmente, a casa não foi ainda atingida pelo fogo que está consumindo todo o lugar.

Ele percebe que está tudo trancado.

Rodrigo bate à porta dos fundos. Preocupado, ele bate com pancadas leves para não despertar soldados que possam estar nas proximidades.

Ninguém atende.

Ele então dá a volta, vai até a porta da frente e percebe que ela está aberta.

Lentamente, ele empurra a porta e adentra à sala da casa de seu amigo Jurle.

– Jurle, Sarah! – chama o cigano baixinho.

Após insistir chamando, ele vai até a cozinha da casa e, sobre a mesa, ele encontra um bilhete fixado por uma faca.

Rodrigo retira a faca e pega o bilhete, que diz:

Amigo, não pude mais te esperar, estou indo em direção ao leste. Depois de me afastar do Cairo, diminuirei o ritmo da viagem para te esperar.

Assinado: Jurle e Sarah.

– Ainda bem que estão a salvo! – diz o Cigano aliviado.

Rapidamente, ele guarda o bilhete no bolso e sai em direção à taberna onde está a sua amada.

Sula ouve um barulho vindo de fora e se esconde atrás de um balcão onde são servidas as bebidas no lugar.

Hió percebe que Rodrigo se aproxima e relincha.

– Fique quieto, Hió! – ordena Sula se aproximando do cavalo.

– Fique tranquila, meu amor, sou eu. – diz Rodrigo entrando no lugar.

– Que bom que você chegou, meu amor!

– Onde está o seu amigo?

– Ele já partiu, está indo rumo ao leste.

– O que faremos?

– Vamos sair desse lugar o mais rápido possível, Sula.

– Vamos, eu estou com muito medo de ficar aqui.

– Fique tranquila, não há ninguém lá fora, estamos seguros aqui, não sei por quanto tempo.

– Vamos sair, meu amor?

– É difícil viajar nessa escuridão, é melhor pernoitarmos aqui. Assim que o dia começar a clarear, saímos.

– Você tem certeza disso?

– Sim, Sula, não podemos cavalgar à noite, não é seguro.

– Está bem, Rodrigo. Vou procurar cobertas, daqui a pouco, o frio será intenso.

– Tenho cobertas presas às coisas que trago em Hió.

– Tem para nós dois?

– Sim, Sula, vou pegá-las.

– Olhe, Rodrigo, há um pequeno quarto nos fundos, podemos dormir lá. O que achas?

– Será que tem condições para nós dois?

– Eu vou olhar. – diz Sula se dirigindo ao pequeno quarto que há na parte interna da taverna.

– Eu vou cuidar dos cavalos e já volto.

– Está bem, tome cuidado e não demore.

Rodrigo pega os cavalos pelas rédeas e os conduz a parte de trás da taverna, onde há um pequenino curral onde normalmente os frequentadores guardam seus animais.

O Cairo está em total silêncio.

Após cuidar dos cavalos, Rodrigo retorna à taberna e se dirige ao pequeno cômodo onde Sula já havia preparado uma cama para o casal descansar.

– Olhe, Rodrigo.

– Uma cama...

– Estás com saudade de uma cama?

– Tem alguns dias que não sei o que é isso.

– Pois hoje você vai poder descansar, meu amor. E olhe, achei o que comermos.

– Estou mesmo com fome. Tenho uma sacola com alimentos que Sarah deixou para mim.

– Então venha, sente-se aqui e vamos comer um pouco deste pão e também essa pasta. – diz Sula abrindo a sacola entregue por Rodrigo.

– Obrigado, Sula.

Sula se senta ao lado de Rodrigo e ambos comem pão e bebem uma bebida preparada por ela.

Após comerem, Sula se deita e fica admirando a beleza do cigano Rodrigo, que fica em vigília no lugar.

– Você não vai vir dormir, Rodrigo? Estás preocupado?

– Tenho sob minha responsabilidade muitas vidas, Sula.

Meu irmão, que saiu antes de mim, nem sei se conseguiu chegar até a minha tribo. Ele e meu amigo Túlio partiram assim que fomos avisados da guerra. Minha cunhada Jamila está por horas de ganhar um bebê. Eles devem estar com muitas dificuldades para deixar essa região.

– Alá cuidará do seu irmão, Rodrigo.

– Espero que sim, Sula.

– Confie em seus ancestrais.

– Eu confio muito neles. E você não está preocupada com a sua família?

– Eu já te disse, Rodrigo, a minha família está morta. Quando a minha avó morreu, ali terminou minha família. Não sou uma pessoa fria, mas a minha família nunca quis saber de mim, nunca se preocupou com minha vida, me entregaram para a minha avó e só isso.

– A sua avó era por parte de pai ou de mãe?

– De minha mãe.

– Como ela se chamava?

– Raquel, eu já te disse isso.

– Sim, sim. Você me disse também que ela era uma mulher muito sábia. Uma cigana.

– Sim, eu acho que a minha avó era cigana. Ela tinha muitos segredos. Também já te disse isso.

– Eu sei, você me falou sobre isso.

– Uma vez, ela me falou sobre o passado dela.

– Ela te falou de qual tribo cigana ela pertencia?

– Ela dizia que era Dã. Minha avó não era muito de adoração, ela era como você, Rodrigo. No começo, eu não acreditei muito nessa história, mas depois que conheci você, eu comecei a crer que ela realmente era cigana. Ela era muito parecida com você.

– Como eu? Como assim?

– Cigana. – diz Sula.

– Seria a sua avó uma cigana mesmo?

– Era o que ela dizia. A minha avó sempre pregou a liberdade acima de qualquer coisa. Ela sempre me dizia *"não fique presa às coisas do mundo, pois o mundo vai passar e você vai continuar sempre sendo o que é, seja aqui ou em outras vidas"*.

– Realmente esse é um pensamento cigano. – diz Rodrigo olhando a noite fria de luar sobre o Cairo.

– A minha avó nunca quis saber da minha mãe, ela dizia que a minha mãe e o meu pai estavam perdendo tempo na vida se preocupando com as coisas materiais e que eu nunca deveria me preocupar com isso. Ela dizia que um dia eu encontraria o grande amor de minha vida de que ele viria em um dia em que eu estaria com muito medo, disse para eu confiar em meus sentimentos e fugir para bem longe com ele.

– E foi isso que você fez.

– Não, não foi isso que eu fiz.

– Ora, mas eu cheguei lá e você estava com muito medo.

– Eu não estava com medo, eu estava te esperando. Eu estava esperando o amor da minha vida chegar.

Rodrigo olha carinhosamente para Sula, que sorri para ele.

Ele se senta ao lado de Sula, que o abraça e o beija com ternura.

Aquela noite eles jamais esquecerão.

O frio e o silêncio eram absolutos.

– Sula. – diz Rodrigo em seu ouvido.

– Sim.

– Precisamos ir.

– Que horas são?

– Não sei, mas Hió anuncia nossa partida.

– Ele te chama?

– Sim, os animais sabem quando estamos em perigo.

– Dormi pouco. Perigo? Como assim?

– Logo que sairmos deste lugar, prometo parar novamente para você poder descansar. Fique tranquila que eu vou te proteger.

– Está bem, vou lavar o rosto.

Sula se levanta e vai até o banheiro para se lavar.

Tudo já está pronto, os cavalos arrumados, alimentados e prontos para a viagem.

Rodrigo coloca Sula sobre sua égua e monta em seu cavalo, Hió.

– Vamos, Sula.

– Vamos.

A noite é muito fria no Cairo. Ambos estão envoltos nas capas dada por Jurle.

Após algumas horas cavalgando, Rodrigo vê à sua frente um grupo de homens acampados. Ele consegue ver uma fogueira acesa. O dia está clareando.

– Olhe, Sula, há homens acampados bem à frente.

– Será seguro nos aproximar?

– Eu vou te deixar atrás daqueles arbustos e vou ter com eles.

– E se algo te acontecer?

– Nada vai me acontecer, estou acostumado com as estradas.

– Tenho medo, Rodrigo.

– Não tenha, fique aqui, eu já volto. – disse Rodrigo se aproximando dos arbustos e escondendo Sula.

Ele então cavalga até o grupo de desconhecidos e se aproxima lentamente.

– Boas noites, senhores!

– Boa noite, viajante. – diz o jovem que parece ser o líder do grupo.

– Perdoe-me perguntar, vocês estão indo para onde?

– Estamos fugindo do exército de Napoleão. Estamos rumo ao leste.

– Estou à procura de um amigo de nome Jurle, o negociante de cavalos.

– Eu o conheço. – disse um outro homem.

– Viste ele por essas bandas?

– Não, não o vimos.

– Tenho permissão dos senhores para passar?

– Quem é você?

– Me chamo Rodrigo, sou líder de uma grande tribo cigana.

– Você é o encantador de cavalos?

– Sim, eu mesmo.

– Você tem fama no Cairo.

– Obrigado, amigo.

– Podes passar tranquilamente.

– Volto para buscar a minha esposa que ficou um pouco atrás.

– Sem problemas, pegue a sua esposa e podes passar.

– Obrigado, amigos.

Rodrigo então assobia para o Hió, que o obedece imediatamente, trazendo consigo Shon e, em seu lombo, a linda Sula, coberta pela capa para proteger-se na viagem.

– Boa viagem, amigo. – diz o forasteiro.

– Obrigado, amigos. – diz Rodrigo se distanciando do grupo.

Após alguns metros:

– Quem são eles, Rodrigo?

– Eles estão fugindo da guerra.

– Sabem do seu amigo?

– Não, não o viram.

O sol começa a esquentar e castiga os animais.

Sula cavalga lentamente e em silêncio.

Rodrigo se aproxima de sua amada.

– Está tudo bem Sula?

– Sim, só estou muito cansada. Temos mesmo que procurar o seu amigo?

– Eu prometi a ele que o levaria para a minha tribo.

– Está bem, Rodrigo.

– Você quer parar um pouco para descansar?

– Eu gostaria mesmo era de um bom banho.

– Logo à frente, há um oásis muito perto do Nilo.

– Seria muito bom se pudéssemos parar para comer e descansar um pouco.

– Vamos fazer isso.

– Falta muito?

– Não, estamos bem perto.

Após alguns minutos, Rodrigo e Sula chegam ao lindo oásis.

– Que lugar lindo, Rodrigo!

– Gostou?

– Sim, é perfeito.

– Venha, desça do cavalo e vá se banhar.

– É seguro?

– Eu farei a sua segurança. Vá se banhar!

Sula desce de seu cavalo e se dirige ao pequeno lago de águas cristalinas. Tira parte de sua roupa e começa a se banhar.

Rodrigo vigia o lugar para que sua amada possa relaxar.

– Venha, Rodrigo, banhar-se comigo?

– Eu preciso vigiar.

– Não tem ninguém aqui, venha, por favor?

Rodrigo olha a seu redor e se sente seguro para satisfazer a vontade de sua amada.

Assim, ele tira a sua roupa e se joga no lago para ficar perto de Sula.

São horas de brincadeiras, carícias e amor.

Sula sai da água, se veste e se deita na relva. Logo ela adormece cansada pela viagem. Rodrigo, após vestir-se, se senta ao seu lado e fica admirando a beleza de sua amada, que dorme em sono profundo.

– Está cansada, meu amor, descanse... como você é linda! – diz Rodrigo em seus pensamentos.

Após algumas horas:

– Sula, Sula, precisamos prosseguir, meu amor.

– Seu eu pudesse, eu parava o tempo e ficaria aqui para o resto de minha vida com você, Rodrigo! – diz a jovem despertando.

– O resto de nossas vidas nós passaremos juntos, eu te prometo!

– Me promete o seu amor eterno?

– Sim.

– Pois eu juro te amar por toda eternidade.

– Agora vamos, precisamos achar Jurle e Sarah.

– Eu estava sonhando com você, Rodrigo.

– O que sonhavas?

– Tínhamos uma filha, uma menina que tinha os olhos azuis como os nossos.

– Se for da vontade de Deus, teremos muitos filhos.

– Eu te amo, cigano.

– Eu também, meu amor, agora vamos?

– Vamos.

Após se vestirem e arrumarem todas as coisas, eles retornam novamente à estrada.

Viajam felizes um ao lado do outro.

Olhares, sorrisos e brincadeiras de amor.

– Olhe, Rodrigo, há um acampamento à frente.

– Parecem ciganos.

– Como identificar ciganos assim? Por que você acha que são ciganos?

– Olhe as bandeiras, são coloridas.

– Isso os identifica?

– Sim, isso é o que nos identifica, vamos nos aproximar.

– É seguro?

– Sim, são ciganos.

Galopando, Rodrigo e Sula chegam ao grupo de aproximadamente oitenta ciganos.

– Boas tardes! – diz Rodrigo se aproximando.

– Optchá! – diz um jovem cigano.

– Podemos nos aproximar?

– Sim, irmão, claro que sim! – dia o rapaz.

Rodrigo então se aproxima e desce do cavalo, estendendo a mão para cumprimentar o jovem à sua frente.

– Me chamo Rodrigo.

– Seja bem-vindo, Rodrigo, eu me chamo Pablo.

– És o líder desse grupo?

– Não o líder é o meu pai, o cigano Diogo.

– Podemos descansar aqui com vocês? Eu sou o cigano Rodrigo da tribo Sind.

– Vamos falar com o meu pai.

– Posso?

– Sim, claro, desça de seu cavalo e vamos até a tenda dele. – diz Pablo.

Rodrigo pega Sula pela cintura e desce ela de sua égua, ambos caminham em direção à maior tenda que existe no lugar.

– É sua esposa?

– Sim. – diz Rodrigo.

Sula mantêm um véu sobre o rosto.

Logo todos chegam a enorme cabana.

– Pai, tem um cigano aqui que quer falar com o senhor.

– Se é cigano, pode entrar. – diz a voz rouca de dentro da tenda.

O lugar e forrado com tapetes persas, tecidos descendo do teto dividem a grande barraca em diversos cômodos. Na parte central, há uma divisão que parece ser uma sala cheia de almofadas onde alguns homens estão sentados.

– Boas tardes, senhor! – diz Rodrigo se aproximando.

– Olha se não é o cigano Rodrigo, filho de Manolo.

– O senhor me conhece?

Diogo é um senhor de barba branca, alto, forte e bem disposto. Ele demonstra muita alegria em ver Rodrigo.

– Ora se não! Te vi menino, mas esses olhos são inesquecíveis, meu rapaz. Quando fui ao enterro de teu pai, muitas lágrimas corriam nesses lindos olhos. Ficamos todos impressionados com sua beleza e seu amor por sua tribo. Tens feito um excelente trabalho com sua tribo.

– Obrigado, senhor, perdoe-me não lembrar do senhor.

– Tire o senhor dessa conversa, Rodrigo, somos ciganos.

– Obrigado.

– Quem é essa jovem?

– Minha esposa, Sula.

– Venha, minha jovem. Julita, leve a menina para banhar-se, comer e descansar. – ordena Diogo a uma de suas mulheres que estavam por perto.

– Vá, meu amor, descanse um pouco. – diz Rodrigo respondendo a um olhar de Sula.

– Venha meu rapaz, sente-se aqui a meu lado.

Rodrigo se dirige a uma grande almofada e se senta ao lado de Diogo.

– Me diga uma coisa, o que fazes por essas bandas?

– Estou fugindo do Cairo, Napoleão tomou a cidade. Eu estou à procura de um amigo meu e sua esposa.

– Eu soube que Napoleão havia tomado o Cairo, e fez isso em poucos dias. Mas quem é que procuras?

– Jurle e Sarah, meus amigos.

– São ciganos?

– Não, não são ciganos.

– E para onde eles foram?

– Eu não sei bem ao certo, não consegui falar com ele antes da invasão do Cairo. Cheguei em sua casa e encontrei esse bilhete. – diz Rodrigo retirando o bilhete do bolso e entregando a Diogo, que abre e lê o que está escrito.

– Hum, por essas bandas eles não passaram, posso te garantir.

– Estou muito preocupado com eles.

– Faça assim, vou te arrumar uma barraca para você e sua esposa descansarem. Vou pedir a alguns homens meus que façam uma busca pela redondeza, quem sabe trarão alguma notícia. Estou vendo que estás muito cansado e sem se alimentar corretamente. Vá descansar, deixe que eu vou ter notícias de seus amigos.

– Obrigado, Diogo. Agradeço em nome de minha família. Estou realmente muito cansado, estamos há três longos dias cavalgando à procura de Jurle.

– Vá descansar. Assim que tiver alguma notícia, eu te aviso.

– Obrigado.

– Pablo, leve o meu amigo para descansar.

– Sim, meu pai.

– Venha, Rodrigo, vamos para a sua barraca.

Rodrigo, após cumprimentar a todos, sai da barraca acompanhado de Pablo.

– É aqui que você vai ficar.

– Obrigado, Pablo.

– Descanse, amigo.

Rodrigo então entra na aconchegante barraca de cor amarela, Sula está deitada descansando.

– Oi, amor.

– Oi, Sula,

– Venha, deite-se e descanse.

– Eu preciso comer algo.

– Vou pegar uma fruta para você comer.

– Obrigado. – diz Rodrigo se deitando em uma confortável cama feita de pele de animais.

Sula lhe entrega uma maçã, que ele começa a comer.

– O que tem esse olhar?

– Como assim?

– Por que está com esse olhar, Rodrigo?

– Tenho uma sensação ruim.

– Como assim?

– Acho que algo de muito ruim está para acontecer.

– Não me coloque medo, Rodrigo.

– Não é conosco.

– Mas como assim?

– Não sei explicar.

– Você está precisando é de descanso.

– Sim, preciso dormir um pouco.

Sula se senta ao lado de Rodrigo, e com uma toalha umedecida, ela começa a limpar o rosto de seu amado.

Carinhosamente, ela cuida de Rodrigo, que adormece recebendo as caricias de Sula.

No dia seguinte, às oito da manhã, Julita chama por Sula à porta da cabana.

Sula acorda e vai até a porta para ver quem a está chamando.

– Desculpe incomodá-la, mas Diogo pede ao cigano Rodrigo que vá até a sua barraca.

– Vou acordá-lo, obrigada. – diz Sula preocupada.

Após algum tempo, Rodrigo e Sula chegam à cabana de Diogo.

– Entre, meu rapaz.

– Rodrigo entra e se senta ao lado de Diogo.

– Não tenho boas notícias para lhe dar.

Sula, de pé, se ajoelha em uma almofada.

– O que houve com meu amigo, Diogo?

– Não temos certeza ser ele, mas precisamos te mostrar uma coisa.

– Onde?

– Tomei a liberdade de cuidar dos animais de vocês. Eles estão prontos lá fora.

– Venham, precisamos galopar. – diz Pablo se dirigindo para fora da cabana.

Rodrigo pega na mão de Sula e segue para fora da cabana.

Fique aqui Sula, eu já volto.

– Tens certeza de que não queres que eu vá?

– Não, meu amor, fique aqui, por favor.

Sula beija a face de Rodrigo e se despede de seu amado.

Rodrigo, Diogo, Pablo e mais três ciganos se dirigem a uma colina que fica bem próxima ao lugar em que eles estão acampados.

Após cavalgarem, chegam ao triste lugar.

Há vários corpos mutilados e amarrados a pequenos postes de madeira roliço. Num total de aproximadamente trinta corpos, servem de alimento aos abutres que se alimentam das carniças humanas.

Todos descem dos cavalos e mal conseguem caminhar entre tanta putrefação. Rodrigo, Diogo e Pablo colocam sobre o nariz lenços para conseguirem chegar ao local ao qual estão Jurle e Sarah.

Triste visão. Rodrigo se ajoelha e chora. Seus amigos estão ali, mortos.

– São eles? – pergunta Diogo.

Rodrigo não consegue falar, mas gesticula afirmando serem eles os amigos mortos.

Diogo pega Rodrigo pelo braço e o tira daquele lugar.

Eles caminham até um pequeno poço onde algumas pessoas bebem água, pessoas boas que estão ali para enterrar os corpos mutilados pela guerra.

Diogo pega uma vasilha e dá a Rodrigo para que ele possa beber água.

– Não fique assim, meu rapaz, não há mais nada a fazer.

– Por que fizeram isso com eles? Não consigo compreender tanta maldade.

– Foram os soldados de Napoleão que fizeram isso.

– Covardes. – diz Rodrigo.

– São muitos os soldados de Napoleão. Não há nada que podemos fazer, Rodrigo. Eu vou ordenar a meus homens que retirem os corpos para que possamos providenciar a cremação. Você se opõe?

– Não, é o mínimo que eu posso fazer por Jurle e minha querida Sarah.

– Vamos voltar para o acampamento.

– Venha, Rodrigo. – diz Pablo.

Ao chegarem ao acampamento, Sula cuida de Rodrigo. Naquele mesmo dia, os corpos de Jurle e Sarah foram cremados em um ritual cigano.

Tristes, os ciganos dançam em homenagem a Jurle e Sarah.

Os violinos ciganos lamentam a morte dos amigos eternos.

– Suas almas foram libertas para viverem livres como as almas dos ciganos. – diz Diogo em seu discurso fúnebre.

Rodrigo, sentado ao lado de Sula, acompanha tudo com lágrimas no olhar.

Foi uma tarde bem triste para todos.

Os objetos de Jurle e Sarah foram levados pelos soldados.

Diogo ordenou um traje cigano para enterrar Jurle, as mulheres ciganas providenciaram uma linda roupa para Sarah.

Passados todos os rituais, Rodrigo foi para sua cabana para descansar.

Sula o deixou sozinho por algumas horas. Ficou a conversar com as moças ciganas.

À noite, Rodrigo se dirigiu à grande tenda de Diogo para agradecer e se despedir, seus planos são de ir embora logo ao amanhecer.

Assim, ele entra sozinho na tenda do nobre amigo.

– Diogo, eu quero te agradecer por tudo, venho me despedir.

– Não agradeça Rodrigo.

– Por que eles mataram o Jurle e a Sarah? Por que?

– Eles só estão poupando os ciganos e algumas tribos que vivem à margem do Cairo, Rodrigo. Por ordens de Napoleão, todos os opositores estão sendo mortos.

– Mas Jurle não era um opositor.

– Eu não sei te explicar o que aconteceu, lembro-me de que quando eles estiveram aqui, viram todos nós os ciganos e nos pouparam.

– Os soldados passaram por aqui?

– Por todo o Nilo, meu amigo.

– Será que eles encontraram-se com a minha tribo?

– Se encontraram, nada fizeram, é ordem de Napoleão deixar os ciganos em paz.

– Meu Deus! Por que o Jurle?

– Provavelmente, ele foi confundido com algum inimigo, como já disse, ou falou alguma coisa que não devia. Mistério que só descobriremos após a vida, meu irmão.

– Mas era um homem bom, e Sarah, coitada, nenhum mal fez a ninguém.

– Vai saber, Rodrigo, vai saber...

– Amigo, eu tenho que encontrar minha tribo. Quero te agradecer por tudo.

– Vá em paz, meu nobre irmão. Leve nosso abraço a todos de sua tribo.

– Obrigado, Diogo. Amanhã, logo ao amanhecer, partiremos ao nosso destino.

– Se precisar de alguma coisa, é só me procurar.

– Obrigado, Diogo, meu coração está muito triste.

– Não fique. Como sabes, a vida não termina com essa vida. Um dia, ainda encontrarás o teu amigo e poderá saber o que realmente aconteceu aqui.

– Sim, confiemos na providência divina.

– Que Duvêl te proteja, Rodrigo.

– Que assim seja, e obrigado por tudo.

Rodrigo e Diogo se abraçam e se despedem.

"

As vezes ficamos sem entender os propósitos de Deus. Mas tudo tem um motivo ou uma razão, no final, entenderemos...

"

Osmar Barbosa

A procura

O dia amanhece nas margens do Nilo. É madrugada e o calor começa a dar seus sinais.

Rodrigo está de pé desde muito cedo. Hió e Shon já estão prontos para a viagem.

Sula dorme sem perceber nada.

Rodrigo então se dirige à cama de sua amada e fica observando a beleza da jovem menina/mulher.

– Como és bela, Sula. Deus me presenteou mais uma vez te colocando em meu caminho. – pensa o jovem rapaz.

Ele então começa a acariciar o lindo e negro cabelo de sua amada.

Seu rosto está tão próximo da jovem que ele consegue sentir o ar que sai de sua respiração.

O amor invade definitivamente o coração de Rodrigo.

Sula abre os lindos olhos azuis lentamente e sorri ao ver os olhos azuis de seu amado cigano muito próximos ao seu rosto.

– Meu espírito sentiu que você estava aqui, meu amor.

– Meu espírito te pertence, Sula.

– Te amo profundamente, Rodrigo.

– Eu também.

Eles se abraçam e ficam por alguns segundos bem próximos um do outro. Seus corpos se aquecem.

– Temos que ir embora, meu amor.

– Sim, temos que ir, posso ficar mais um minutinho assim?

– Assim como?

– Agarradinha em você?

– Sula, eu te amo.

– Já me disse isso hoje.

– Vou repetir por toda a eternidade.

Rodrigo abraça fortemente sua amada.

– Vamos, Sula, precisamos ir. Vamos antes que o sol se levante.

– Está bem. – diz a jovem se levantando.

– Vou me arrumar e partimos.

– As coisas já estão arrumadas e prontas para a viagem. – diz Rodrigo.

– Já se despediu de Diogo?

– Sim, agradeci a ele ontem à noite.

– Está bem. – diz Sula pegando uma bacia com água e começando a banhar o rosto.

– Vou te esperar ao lado dos cavalos, meu amor, não demore, por favor.

– Está bem, Rodrigo, já estou indo.

Rodrigo deixa a tenda e se aproxima de Hió, que o espera para a viagem.

Hió, seu cavalo, lhe parece estranho, ele então abraça o cavalo e começa a falar baixinho em seu ouvido.

– O que houve, meu amigo? Por que você está assim? Já iremos para a nossa tribo, não fique assim.

Hió reage raspando a pata dianteira no chão como se quisesse caminhar, como se dissesse "vamos embora logo".

– Nós já estamos indo, tenha um pouco de paciência, Hió. – diz Rodrigo, que conhece muito bem o seu garanhão.

O cavalo relincha.

Rodrigo abraça Hió fortemente.

Sula chega.

– Pronto, amor, estou pronta para a viagem. Por que você está abraçando Hió?

– Que bom, me dê aqui suas coisas, ele está ansioso para partirmos, só isso!

Rodrigo pega uma sacola de Sula com suas roupas e coloca bem amarrada sobre o lombo de Shon para não cair.

Sula sobe em seu cavalo auxiliada por Rodrigo, que monta Hió.

Tudo pronto para a viagem.

Lentamente, eles deixam a tribo cigana para trás.

A estrada está deserta. Não há ninguém a cavalgar naquela manhã.

– Para onde vamos, amor?

– Para a Península do Sinai.

– Sua tribo está lá?

– Espero que sim.

– Como assim?

– Não tenho certeza se eles conseguiram chegar ao Sinai antes do ataque de Napoleão. Ordenei a Suazi e Túlio que fossem ao encontro de minha tribo e os levassem para a Península do Sinai.

– Deus queira que eles tenham conseguido.

– Sim, confio em meus ancestrais, eles certamente estão protegendo a minha gente.

– A minha avó dizia que não estamos sozinhos no universo, ela dizia que estamos ligados a outros espíritos pela eternidade.

– Ela estava certa, Sula. O meu pai sempre me disse para guiar a nossa tribo sempre pelo caminho da felicidade. Dizia meu velho pai que não vale a pena uma vida sem três coisas.

– Quais, Rodrigo?

– Amor, felicidade e uma boa dose de caráter.

– Engraçado...

– O que é engraçado?

– Certa noite, quando eu era bem pequenina, vi quando a minha avó foi atender a um homem alto, barbudo, muito bem vestido, ele tinha ouro nos dentes.

– Provavelmente era um cigano – diz Rodrigo.

– Ontem, quando você estava conversando com Diogo, eu e as meninas da tribo ficamos conversando e olhando os ciganos de sua aldeia. As meninas dão preferência aos moços que tenham dentes de ouro, você sabia disso?

– E não tenho ouro nos dentes, minha amada!

– Você não é qualquer cigano. Você é o cigano Rodrigo. Não se compare a esses ciganos, você é especial, meu amor!

– Obrigado pelo elogio. Mas me conte sobre esse homem misterioso que foi ao encontro da sua avó.

– Então, naquela noite, ele chegou em um lindo cavalo. O meu avô já estava dormindo, minha avó estava na varanda da nossa casa sentada sozinha. Eu acordei e fui a seu encontro, foi quando o misterioso homem chegou.

– E você o que fez?

– A minha avó me colocou sentada na cadeira da varanda e foi até a parte escura do terreno para falar com aquele homem, ele entregou-lhe uma sacola, ela sorriu, agradeceu, e eles se despediram com um forte abraço.

– O que tem de estranho nisso?

– Antes dele sair, ele se aproximou de mim, me pegou no colo e me deu um abraço tão apertado que até hoje eu não esqueci.

– Estranho...

– O que é estranho?

– Você não se esquecer disso.

– Eu lembro até hoje do rosto daquele senhor. Foi algo tão especial que guardei em minhas lembranças.

– Talvez seja um amigo querendo ajudar.

– Não sei. Ele sempre aparece nos meus sonhos.

– Quem?

– O tal senhor, ele sempre aparece nos meus sonhos. Eu acredito sinceramente que ele era um cigano.

– Por que você acredita nisso?

– Pelas roupas que ele vestia e pelo ouro nos dentes.

– Se tinha ouro nos dentes, ele era um cigano.

– Pois é, Rodrigo, tem algum mistério aí, um dia, eu ainda vou descobrir isso tudo.

– Nada fica oculto, Sula, nada... o tempo revela tudo o que está oculto em nossas vidas. - Está cansada?

– Não, ainda não, vamos seguir em frente.

A estrada é arborizada. O caminho até o Sinai e lindo. Oásis variados à beira do caminho. Vários pés de tâmaras prontas para serem colhidas enfeitam o lugar.

Rodrigo para seu cavalo após cinco horas de cavalgada.

– Vamos parar e descansar, Sula, os cavalos estão muito suados.

– Está bem. – diz a jovem.

– Você não está cansada?

– Não, eu sou uma jovem, Rodrigo. Por que? Por acaso você está cansado?

– Não, só estou preocupado com você.

– Se está preocupado comigo, colha umas tâmaras para que eu possa me deliciar.

– Sim, claro, vou colher as melhores tâmaras do Egito para você, meu amor. – diz o cigano auxiliando a sua amada a descer de sua égua, Shon.

Eles descansam por duas horas e esperam que o sol fique menos quente, até que eles decidem retomar a viagem.

E após subirem em seus cavalos, voltam a conversar enquanto cavalgam.

– Me fale um pouco sobre os seus irmãos, Rodrigo.

– Meus irmãos são meus melhores amigos. Suazi, a essa altura, já é papai, sua esposa Jamila estava bem próxima de sua hora quando vim para o Cairo.

– E como ele é?

– Não é tão bonito como eu... – Risos.

– Convencido!

– Estou brincando. O meu irmão é meu melhor amigo. Se apaixonou ainda muito moço por Jamila, que o completa. Eles são maravilhosos.

– Então você já é titio.

– Não vejo a hora de conhecer o meu sobrinho. A minha irmã se chama Zaira. Ela é a minha grande conselheira, pois administrar uma tribo não é nada fácil.

– Imagino.

– São muitas as questões que preciso resolver, e sem uma esposa, cabe a Zaira me auxiliar nas questões femininas da nossa tribo.

– Que bom que você tem ela para te ajudar.

– Ela é minha metade. Sabe aquela sensação que você tem que alguém está contigo por muitas vidas? Que esse alguém é seu conhecido de muitas épocas?

– Sim, sei perfeitamente o que é isso.

– Pois é assim que eu me sinto em relação a Zaira.

– Deve ser isso mesmo, ela deve estar a seu lado por muitas vidas.

– Eu acredito muito nisso. – diz Rodrigo.

– E o que a Zaira faz além disso na tribo?

– Ela cultiva as rosas que a minha mãe deixou para nós.

– Rosas?

– Sim, as rosas do Cairo, era esse o nome que a minha mãe dava às suas rosas.

– Que lindo nome para as rosas!

– A minha mãe era tudo para nós.

– E como ela morreu?

– Ela estava cuidando de suas rosas quando uma serpente a picou.

– Meu Deus.

– Infelizmente, não tivemos tempo para salvá-la.

– Vocês não viram?

– Ela não pediu ajuda.

– Como assim, Rodrigo?

– Com a morte do meu pai, a minha mãe ficou muito triste e passou a se dedicar às flores. Em seus últimos momentos, ela me disse que era a melhor coisa que poderia ter acontecido a ela. Me pediu perdão, abraçou-nos um a um e morreu em meus braços.

– Meu Deus, que triste!

– Ela me disse que finalmente Deus mandou o elixir da morte para ela e que a mordida da serpente era o que a levaria a encontrar-se com o meu pai. Morreu feliz, com um lindo sorriso no rosto.

– Que lindo.

– Eu sinceramente fiquei muito triste e chateado com ela no começo, mas depois eu procurei pensar como ela.

– Como assim?

– Quando amamos verdadeiramente, não há razão para a vida sem seu grande amor ao seu lado. A minha mãe foi paciente e esperou a resposta de Deus que, segundo ela, veio através da mordida da serpente. Assim, ela finalmente se libertou do mundo e foi ao encontro do seu grande amor, o meu querido pai. Disse-me ainda que sua missão na terra já havia terminado, tinha três maravilhosos filhos e que agora era a hora de voltar para casa e ser feliz ao lado de seu grande amor.

– Nossa, como estou aprendendo com você, Rodrigo. Aprendendo e me emocionando com essa linda história.

– Nós nunca devemos questionar as coisas e as formas de Deus, Ele é sábio e tudo o que nos acontece tem um motivo. Algumas coisas ficaremos sem entender, mas tudo nos é revelado quando chegamos à vida do além.

– Disso eu sei muito bem, e todos os dias antes de dormir, eu agradeço a Ele por ter encontrado o meu grande amor, que é você.

– Mas nós não vivemos das lembranças tristes, nós ciganos, sempre que sentimos saudades de algum ancestral, oramos e cantamos uma linda canção. A música nos liga aos nossos mais íntimos sentimentos e nos aproxima de Deus.

– Te amo, cigano.

– Eu também, Sula, precisamos procurar um bom lugar para o pernoite, não achas?

– É, começa a escurecer, o frio já me incomoda.

– Mais à frente, teremos um bom lugar para nosso descanso.

– Vamos em frente. – diz Sula.

Eles ficam por alguns minutos em silêncio.

– Rodrigo, eu posso te perguntar uma coisa?

– Claro, Sula.

– Eu às vezes tenho muitas dúvidas sobre a minha vida. Eu nunca entendi muito bem por que a minha mãe nunca me deu amor, por que ela nunca se preocupou comigo. Deixou-me ainda bebê aos cuidados de minha avó, que só teve ela como filha. A minha mãe nunca foi me visitar, nem ela e muito menos o meu pai. Meus irmãos, então, nem se fala! As poucas vezes que vi a minha família foi quando a minha avó me levava para ficar um pouco com eles. E sempre que eu chegava, a minha mãe logo arrumava uma desculpa para que eu não ficasse muito tempo perto deles.

– E você nunca perguntou isso a ela?

– Não tive a oportunidade. Logo que a vovó morreu, eu fui levada para um mosteiro e fiquei lá por dois anos. Agora, quando vim passar alguns dias com eles, aconteceu tudo isso.

– O que você fazia no mosteiro?

– Estudava. Aprendi canto, a tocar piano, a ler e escrever.

– Nossa, minha amada tem muita cultura.

– Espero utilizá-la para ensinar as crianças da sua tribo a ler e escrever.

– Minha tribo?

– Sim, sua tribo.

– Meu amor, a primeira coisa que eu vou fazer quando chegarmos à nossa tribo é oficializar o nosso casamento.

– Mas você ainda não me pediu em casamento!

– Não?

– Não, cigano, você apenas me enche de amor.

– Então, peço-te em união pelas próximas existências, o que achas?

– Aceito viver com você por todas as minhas existências, Rodrigo.

Rodrigo aproxima Hió, e após pararem, beija suavemente os lábios de Sula, que retribui lhe acariciando os longos cabelos negros.

Ficam assim por alguns minutos.

– Eu acho que te amo de muitas vidas, Rodrigo.

– Eu tenho certeza que te amarei por toda a eternidade, Sula.

A cavalgada recomeça lentamente, e após algumas horas cavalgando, eles chegam a uma pequena estalagem onde alguns viajantes param para repousar. O lugar é simples, mas aconchegante.

– Vamos dormir aqui hoje, Sula.

– Que lugar lindo, e a noite está prometendo. O céu está estrelado e não há uma só nuvem.

– Sim, o céu começa a mostrar toda a sua beleza estrelar. Fique aqui que eu vou lá dentro falar com o responsável desse lugar.

– Está bem. Você o conhece?

– Sim, conheço.

Rodrigo desce de seu cavalo e se dirige à pequena cabana onde fica a recepção da hospedaria.

– Boa noite!

– Boa noite, meu rapaz. Ora se não é o cigano Rodrigo!

– Como tens passado, Horácio?

– Bem, e você?

– Muito bem.

– Vai querer um quarto?

– Sim.

– Algum em especial?

– Sim, o perto do lago. Está livre?

– Sim, quase todos os quartos estão livres.

– Mas o que houve, homem?

– Acho que Napoleão matou todos os meus hóspedes, Rodrigo.

– Mas como assim?

– O exército de Napoleão matou muita gente por aqui.

– Meu Deus, isso é verdade?

– Dizem que passa de dez mil mortos, e prenderam tantos outros.

– Senhor, tende misericórdia.

– É, meu amigo. Muitos morreram sem ter nada com isso.

– Sabes dos ciganos?

– Dizem que muitos foram mortos e outros conseguiram fugir.

– Tens notícias da minha tribo?

– Não, da sua tribo não sei nada.

– Pedi ao meu irmão que levasse todos para bem longe daqui.

– Provavelmente ele conseguiu.

– Rezo por isso, amigo.

– Tome as chaves, sabes os procedimentos. Tem água fresca no seu quarto. Se precisar de alguma coisa, é só me chamar.

– Obrigado, Horácio.

Rodrigo tira três moedas e entrega ao amigo dono da hospedaria.

– Precisa de ajuda com sua bagagem?

– Não. Obrigado, amigo!

– Vejo que não estás sozinho.

– Trago a minha amada esposa.

– Sejam bem–vindos, espero que ela goste.

– Certamente vai gostar.

– Partes amanhã?

– Sim, logo cedo, após o desjejum, partiremos.

– Para onde vais?

– Em direção ao Sinai.

– Tome cuidado, os homens de Napoleão estão por toda parte.

– Não vi ninguém no caminho.

– Estão a caminho das pirâmides, é o que dizem.

– Obrigado, Horácio, vou tomar bastante cuidado.

– Boa noite, amigo – diz Horácio entrando para a parte de trás do pequeno cômodo.

Sula, após descer de sua égua, se senta em um banco que há nas proximidades da entrada do lugar.

Rodrigo se aproxima.

– Venha, amor, já tenho as chaves do nosso quarto.

Sula se levanta e pega seu animal pelo cabresto e segue acompanhando Rodrigo, que se dirige para um lugar um pouco distante da parte central da pousada.

O quarto é especial, fica separado de todos. Há um pequeno lago à frente e lindos pés de tâmaras.

A noite é linda, noite de lua cheia que clareia todo o lugar.

Após colocar Hió e Shon para descansar no pequeno curral, Rodrigo vai ao encontro de sua amada, que está sentada na varanda esperando pelo seu grande amor.

– Os animais estão descansando, meu amor?

– Sim, agora é nossa vez. Venha, vamos nos banhar nesse lago.

– Podemos?

– Sim, ele é feito para isso.

Sula então vai até o quarto e se prepara para uma noite de banhos com seu amado cigano.

Assim, eles passam aquela noite em amor e contemplação, afinal, o Egito é lindo.

"O único sentimento que levamos por todas as existências é o amor."

Sula

A batalha

Naquela manhã, Rodrigo e Sula não se levantaram muito cedo, foram dormir tarde pois a noite era especial.

Rodrigo é o primeiro a se levantar, e após lavar o rosto, ele vai até a hospedaria para pegar alguns pães e novamente encontra seu amigo Horácio.

– Bom dia, Rodrigo!

– Bom dia, Horácio!

– Dormiu bem?

– Sim, muito bem!

– Pois estão aqui os pães. Queres mais alguma coisa?

– Sim, tenho vontade de tomar um bom chá quente.

– Vou providenciar. E a esposa?

– Ainda descansa.

– Aproveite o pouco tempo que ainda temos de paz.

– O que houve?

– Há rumores de novas invasões.

– Aqui?

– Sim, dizem que estão vindo para essas bandas novamente.

– Mas o que será que aconteceu?

– Não sabemos por certo, mas todos estão muito assustados.

– E você não está?

– Nasci aqui, me criei aqui, essa estalagem é herança do meu velho pai.

– Mas se estás em perigo, deves deixar esse lugar.

– Só saio daqui morto, meu amigo.

– Horácio, tenha juízo.

– Rodrigo, meu amigo, não tenho esposa e nem filhos, a minha família são os meus animais e essa pequena hospedagem. Nada tenho a perder. Se me tirarem isso aqui, me tiram tudo, por isso, ficarei. Agora, tome aqui seu chá, prepare a sua viagem e saia daqui o mais rápido possível.

– Tens certeza de que é isso que queres que eu faça, Horácio?

– Sim, meu amigo, cuide de você e de sua linda esposa.

– Venha cá, deixe-me te abraçar. – diz Rodrigo se aproximando de Horácio e abraçando-o fortemente.

– Obrigado, Rodrigo. – diz Horácio emocionado.

Após um aperto de mão, Rodrigo se apressa em ir ao encontro de Sula.

Ele chega ao quarto e sua amada está ainda deitada, porém acordada.

– Onde estavas, Rodrigo?

– Fui buscar pães e um bom chá.

– Estou mesmo com fome. – diz Sula se levantando.

– Venha, vamos tomar nosso desjejum, precisamos partir o mais rápido possível.

– O que houve?

– Horácio me disse que soldados estão vindo nessa direção.

– Meu Deus, quando será que isso vai acabar?

– Precisamos de paz no Egito.

– Vamos orar?

– Orar?

– Sim, venha, ajoelhe-se aqui ao meu lado, vamos fazer uma oração para que Deus olhe por esse lugar.

Rodrigo se ajoelha ao lado de sua amada, e juntos, eles proferem uma linda oração.

O momento é de paz e amor entre os jovens.

– Você não vai me deixar ouvir a sua prece, Sula?

– Queres ouvir?

– Sim, gostaria.

– Então ouça! – Sula profere uma linda prece.

Deus de infinita bondade, humildemente eu rogo a ti em oração que olhe pelo Egito, olhe pelas almas que sofrem pela guerra e que tenhas piedade de todos nós.

Senhor do céu e da Terra, que tua bondade esteja presente em todos os corações que agora pensam no pior. Que teu amor esteja presente no coração dos generais que decidem pelas vidas do Egito.

Senhor de bondade, proteja–nos do mal. Afasta de nosso caminho qualquer perigo, cuida do meu amor, que está aqui ao meu lado.

Que seja a nossa caminhada terrena um berço de aprendizado que nosso destino seja teu amor maior.

Obrigada, Pai, pelas bênçãos de hoje.

– Que linda prece, meu amor.

– Obrigada, Rodrigo, agora, vamos comer para sairmos o mais rápido possível daqui.

– Sim, vamos fazer isso.

Após comerem, banharem–se e arrumarem todas as coisas, Sula e Rodrigo deixam a estalagem e vão em direção ao Sinai.

A estrada está deserta, o que preocupa Rodrigo. O sol não aparece naquele dia. A chuva se aproxima.

– Parece que teremos um temporal.

– Sim, Sula, mas não podemos parar, temos que seguir para ficarmos bem distantes desse lugar.

– Proteja as coisas, Rodrigo para não encharcarem com a chuva.

– Está tudo protegido, meu amor.

– Então, vamos em frente.

Após algumas horas, os trovões assustam muito os animais, mesmo assim, Rodrigo e Sula prosseguem viagem.

– Cavalgue mais perto de mim, Sula. – diz Rodrigo preocupado.

– Sim, meu amor.

A chuva é torrencial. Na sombria estrada estão Rodrigo, Sula, seus animais e mais ninguém.

– Você está bem?

– Sim, Rodrigo.

– Vamos em frente?

– Sim, meu amor, vamos em frente.

Assim eles prosseguiram durante todo o dia. A noite se aproxima e sequer pararam para comer. Os animais estão bem cansados e encharcados pelo temporal que, naquele momento, se tornou uma garoa.

– Você não quer descansar?

– Vamos procurar um local seguro, Rodrigo, os animais estão muito cansados e, pior, falta pouco para escurecer.

– Não conheço essa estrada, não vi nenhuma estalagem.

– Eu também não conheço esse lugar. Mas é estranho, frio, e muito esquisito.

– Eu também acho.

– Olhe, há uma pequena luz a frente.

– Sim, estou vendo, Sula.

– Será que são viajantes?

– Meu amor, é melhor você esperar aqui, eu vou à frente ver quem são, e se é seguro esse contato.

– Não quero ficar aqui sozinha, Rodrigo.

– É rápido, volto em poucos minutos. Fique atrás dessas árvores. Mantenha-se em silêncio, eu volto rapidamente.

– Mas ainda está chovendo, aquilo não pode ser uma fogueira.

– Estranho mesmo. Parece fogo, mas como uma fogueira pode ficar acesa no meio da chuva?

– É melhor você não ir agora, Rodrigo.

– Não há outro caminho, Sula, só essa pequena trilha. De qualquer forma, teremos que passar pela luz.

– Algo dentro de mim diz que não é seguro, meu amor.

– Tenho meu punhal e minha adaga para me defender.

– Deus me livre você lutar ou machucar alguém, Rodrigo.

– Na verdade, só tenho isso para alguma emergência, confesso que nunca usei, nunca houve a necessidade de usar armas.

– Viu, não precisamos disso.

– Eu vou até lá, quem sabe é uma estalagem e podemos descansar.

– Não, eu acho melhor arrumarmos um lugar e descansar por aqui mesmo essa noite.

– Meu amor, eu quero o seu melhor. Vou até lá e volto muito rapidamente.

– Está bem, mas tome muito cuidado.

– Pode deixar.

Rodrigo estão desce de seu cavalo e auxilia Sula a descer do seu. Ele retira os pertences que carrega sobre Hió e deixa ao lado de Sula.

– Fique aqui, você vai estar segura. Tome as coisas. Eu já volto.

Sula sente um enorme aperto no coração.

– Rodrigo, venha aqui, meu amor.

Obedecendo sua amada, ele se aproxima.

– Sim, meu amor.

Sula, sem falar nada, se joga nos braços de Rodrigo e lhe beija a boca.

– O que houve, Sula?

– Algo me diz que não devo deixar você ir.

– Deixe de bobagem, eu vou ser rápido, já volto.

– Tenha muito cuidado, por favor – diz Sula com um nó na garganta.

– Meu amor, o que está havendo?

– Não me sinto segura em me afastar de ti, já disse.

– Eu já volto, olhe, é perto, e qualquer coisa você corre para me ajudar, está bem?

– Sim.

Sula avalia a sugestão de Rodrigo. Realmente o fogo parece ser muito perto.

– Está bem, qualquer coisa eu corro lá para te ajudar.

Beijando suavemente a testa de Sula, Rodrigo se despede de sua amada.

– Fique aqui, cubra-se para se proteger do frio. Eu já volto.

– Está bem, não demore.

Assim, o cigano deixa a sua amada e segue em direção à pequena fogueira acesa mais à frente.

O lugar está bem escuro, nada se pode ver.

Hió e Shon ficam próximos a Sula. Rodrigo decide ir andando ao encontro da luz. Ele segue em silêncio evitando ser percebido.

– Vou deixar os cavalos aqui, já volto. – diz ele se distanciando.

Sula acena com a mão.

Sorrateiramente, ele caminha em direção à pequena fogueira.

Após alguns minutos, Rodrigo percebe que há uma ilusão de ótica e a fogueira está muito mais distante do que ele previa.

– Estranho, a fogueira parecia estar bem mais perto. – diz ele olhando para trás se distanciando um pouco mais de Sula.

A curiosidade e a necessidade de proteger a sua amada o fazem seguir adiante.

Sem perceber, ele está muito distante da pequena trilha onde havia deixado Sula.

Seu coração começa a pulsar de forma diferente, Rodrigo tem um sentimento de perda incompreensível para aquele momento.

– Meu Deus, o que está acontecendo comigo? Parece que não vou mais voltar, o que é isso?

Algo de muito ruim está sufocando o coração do jovem cigano.

Rodrigo começa a se sentir tonto e resolve parar e sentar, focando sempre na fogueira que parece ainda mais distante.

Ele se senta e coloca a cabeça sobre as duas mãos apoiadas nos joelhos, a tontura é grande e ele desmaia.

Seu corpo fica sendo banhado pela chuva intensa que não para de castigar o lugar.

Aquela noite não termina.

Após muitas horas, ele finalmente acorda muito assustado.

– Meu Deus o que houve comigo? Onde estou, que lugar é esse?

Muito nervoso, ele se levanta e não vê mais a fogueira.

– O que será que aconteceu comigo? O que houve, meu Deus? Onde está Sula?

Nervoso, ele olha para trás à procura da trilha que havia o levado até ali.

– Onde está o caminho pela qual eu vim? Sula! – grita o jovem cigano.

– Sula! Sula! – insiste ele.

Não há nada naquele lugar. A escuridão é total.

– Meu Deus o que aconteceu? Onde estou?

Sem conseguir enxergar muito bem, Rodrigo decide seguir uma pequena estrada que há à sua frente. Seu coração está apertado. Ele sofre com a preocupação e o arrependimento de ter deixado para trás seu grande amor.

– Meu Deus, como fui ingênuo, o que será que houve, onde está Sula? Hió! – grita o cigano.

Ninguém o atende.

– Onde será que estão Hió e Sula? Onde estão? – insiste Rodrigo em seus pensamentos.

Sua mente está confusa. Novamente, ele fica tonto e novamente desmaia à beira da pequena estrada.

Após algumas horas...

– Olhe, José, há um rapaz caído na estrada.

– Estou vendo, Fernandez. Vamos ver quem é?

Os dois homens descem de seus camelos e se aproximam de Rodrigo.

– Parece ser um cigano.

– Vamos levá-lo?

– Sim, não foi para isso que viemos até aqui? – diz Fernandez.

– Nos pediram para buscar um cigano de nome Rodrigo, será esse, afinal? Já encontramos vários ciganos e até agora ainda não achamos o tal Rodrigo.

– Me dê o odre, vou dar a ele um pouco de água, o pobre rapaz me parece estar seco por vários dias.

José então pega em seu camelo um odre com água para que Fernandez possa dar a Rodrigo.

Com muito cuidado, Fernandes repousa a cabeça de Rodrigo sobre sua perna e começa o molhar os lábios do rapaz, que acorda ensopado de água.

– Olá, meu rapaz. – diz Fernandez.

Rodrigo dá um salto e se ajoelha ainda fraco.

– Quem são vocês?

– Eu me chamo Fernandez, e esse ao meu lado se chama José, e você, como se chama?

– Por que querem saber meu nome? Não importa quem eu sou. Que lugar é esse? O que estou fazendo aqui?

– São muitas perguntas para respondermos para um estranho, não achas, senhor?

– Quem são vocês?

– Já dissemos, eu sou Fernandez e esse a seu lado é o José, e você quem é?

– Por que querem saber o meu nome? Isso não importa.

– Já nos apresentamos ao senhor, não achas justo nos dizer quem és? Afinal, paramos aqui para lhe socorrer, fomos nós que te tiramos da chuva.

– Que lugar é esse?

– Esse não é um lugar comum.

– Vocês viram Sula por aí?

– Quem é Sula?

– Minha esposa.

– Não vimos nenhuma mulher por aqui. Você ainda está muito confuso, meu rapaz, e nós só precisamos saber o seu nome para tentar te ajudar.

– Quem são vocês?

– Somos peregrinos.

– Peregrinos?

– Sim, peregrinos.

– Vocês vivem de esmolas?

– Não é esse o nosso caso, somos peregrinos por devoção, estamos em direção à Terra Santa.

– Terra Santa?

– Sim, a Terra Santa.

– Jerusalém?

– Sim, estamos em direção a Jerusalém.

– E por que querem saber meu nome?

– Na verdade, precisamos levar um rapaz para Jerusalém.

– Como assim?

– Sente-se aqui, meu rapaz, que eu vou lhe explicar. – diz José se sentando ao lado de Fernandez.

Desconfiado, Rodrigo permanece de joelhos preparado para se defender de um possível ataque.

– Nós não vamos lhe fazer nenhum mal, meu rapaz. – diz Fernandez. – Tenha calma e se sente para que possamos conversar melhor.

– Quem disse que tenho medo dos senhores?

– Já vimos que você não tem medo de nós. Agora, sente-se aqui, por favor.

Fernandez é um senhor de aproximadamente cinquenta anos, barba grisalha por fazer. Usa um turbante de cor branca e sua roupa é cinza clara.

José também aparenta cinquenta anos, a barba lhe cobre todo o rosto, usa também um turbante alaranjado e roupa preta.

– Vocês são árabes? – pergunta Rodrigo.

– Sim, somos árabes.

– E o que fazem por essas bandas?

– Viemos à procura de um rapaz que temos que levar para a Terra Santa. Já dissemos isso?

– Sim, mas quem é esse rapaz?

– Sente-se aqui, meu jovem, eu vou lhe explicar. – Agora diz Fernandez.

Rodrigo, após respirar por alguns minutos, decide confiar nos senhores e se senta ao lado dos viajores.

– Estamos à procura de um rapaz de nome Rodrigo, nossa missão é levá-lo até a Terra Santa para um encontro muito especial.

Os olhos de Rodrigo se enchem de lágrimas, algo toca profundamente seu coração, ele não sabe explicar aquele sentimento pois nunca havia sentido nada parecido.

José e Fernandez percebem que ele é o rapaz que eles procuram e se tornam mais dóceis ainda com Rodrigo.

– Mas eu não posso ir com os senhores, eu estou indo para o Sinai para encontrar meu povo, trago minha amada para finalmente viver em paz.

– Você poderá encontrá-la e também a sua gente assim que cumprirmos o que estamos a lhe propor.

– Como assim, depois?

– Temos coisas que precisamos lhe explicar, mas só podemos fazer isso durante nossa caminhada a Jerusalém, Rodrigo – diz José.

– Mas é muito longe, demoraremos muito dias até chegarmos ao nosso destino e eu preciso achar Sula, eu a deixei sozinha em uma trilha que me trouxe até esse lugar.

– Ela está bem, Rodrigo. – diz Fernandez.

– Como sabes que eu sou Rodrigo?

– Seu olhar lhe entregou.

– Como assim? São adivinhas por acaso?

– Tenha calma, rapaz, nós só queremos lhe ajudar.

– Mas por que querem tanto me ajudar?

– Foi para isso que viemos aqui, para lhe ajudar.

– Eu não preciso da ajuda de vocês, eu só preciso achar a Sula, meus cavalos e seguir o meu destino.

– Fique à vontade então. – diz Fernandez.

– Eu agradeço muito aos senhores pela água que me deram. – diz Rodrigo se levantando.

– Se precisar, estaremos aqui. – diz José.

– Eu agradeço a gentileza, mas não vou mais precisar dos senhores, vou voltar e procurar a trilha que me leva ao encontro de Sula. Obrigado, senhores, pela atenção. – diz Rodrigo.

– Boa viagem, meu rapaz. – diz Fernandez.

– Os senhores vão ficar aí? Não vão seguir em frente?

– Vamos descansar por algumas horas. Estamos há muito tempo à procura do tal Rodrigo.

– Boa sorte!

– Obrigado! – diz José.

Rodrigo então volta na estrada a procura da trilha que o liga a Sula. Caminha rapidamente, preocupado com o seu grande amor.

– Meu Deus, onde está Sula?

Fernandez e José acendem uma pequena fogueira e deixam os camelos a descansar.

Após várias horas à procura de sua amada e percebendo que andava em círculos e que não saia do lugar, Rodrigo decide voltar e procurar pelos viajores estranhos. Ele vê a fogueira acesa.

– Onde estão aqueles homens? Talvez eles possam me ajudar achar o caminho de volta. Lá estão eles. Só podem estar naquela fogueira.

Ao longe, pode-se ver uma pequena claridade no céu. A chuva havia dado uma pequena trégua.

– Ainda bem que parou de chover, Sula deve estar muito preocupada comigo, não sei ao certo há quantos dias estou aqui. Minha cabeça está confusa. Meu Deus, o que está acontecendo aqui? Não vejo os soldados que tanto nos ameaçavam, que lugar estranho esse.

Nunca ouvi falar de céu negro e tantos dias de chuva no Egito, será que Deus está nos punindo pela guerra? Onde estão os meus amigos? Onde está minha tribo? A melhor coisa que faço é me declarar para aqueles andarilhos e pedir ajuda a eles.

Rodrigo então se dirige aos viajores.

– Amigos, voltei.

– Olha, que bom que você voltou, Rodrigo! – diz José.

– Perdoem-me ter que deixá-los para trás, mas eu não consigo achar o caminho que me leva ao Sinai. Vocês por acaso sabem para onde devo ir? Onde está a trilha que me trouxe até aqui?

– Não sabemos. – diz Fernandez.

– Não podem me ajudar? – insiste Rodrigo.

– Só temos permissão para ajudar ao tal Rodrigo que estamos procurando.

Após alguns minutos em silêncio, finalmente ele decide revelar.

– Eu me chamo Rodrigo, eu só não sei se sou o Rodrigo que os senhores procuram.

– Não temos muitos Rodrigos por essas bandas, meu rapaz.

– Se me procuram, o que querem de mim?

– Você é o filho de Siara e Manolo?

– Vocês conhecem os meus pais?

– Sim, conhecemos.

– Se conheceram, faz bastante tempo, afinal, eles estão mortos.

– Sim, tem muito tempo que nós os conhecemos. – diz Fernandez.

– Quem são os senhores?

– Já dissemos, eu me chamo José e esse aqui ao meu lado se chama Fernandez.

– Mas eu não os conheço.

– Conhece, sim, é que você ainda não lembra.

– Já sei, vocês são de alguma tribo antiga, amiga de meus pais.

– Viu como você se lembra? – diz José.

– Sim, mas eu não me lembro dos senhores.

– Você era muito pequeno para se lembrar.

– Então vocês já sabiam que eu era o Rodrigo que vocês procuravam?

– Sim, esse olhos azuis são reconhecidos em qualquer lugar desse planeta.

– E porque tiveram tanta paciência comigo?

– Porque viemos aqui para lhe ajudar.

– Já sei, me levar para a Terra Santa.

– Viu, você ainda tem uma boa memória.

– Senhores, eu vou com vocês para onde quiserem me levar, mas eu preciso achar a Sula, meus cavalos e minha gente. Preciso achar meus irmãos.

– Já dissemos que, durante a viagem, vamos lhe explicar tudo o que está acontecendo com você, Rodrigo.

– Eu sei, Fernandez, mas eu não posso deixá-la aqui sozinha. Se você não sabe, está havendo uma guerra no Egito, ela corre perigo ficando aqui sozinha.

– Vou lhe dar a primeira informação, Rodrigo, Sula não está sozinha, ela está segura. – diz José.

– Como você sabe disso?

– Como dissemos, durante a viagem, nós vamos lhe explicar.

– Chantagem é o nome disso, meus amigos. – diz Rodrigo com um pouco de raiva em seu coração.

– Se pensas assim, nada podemos fazer.

– Pense em nossa proposta, Rodrigo, estaremos aqui esperando por sua decisão. – diz Fernandez.

– Tenho outra alternativa?

– Sim, continuar a andar em círculos à procura da trilha que não existe mais.

– Como sabes disso? Se sabes o caminho, por que não me ajuda?

– Nós só temos um caminho meu rapaz. A Terra Santa!

Rodrigo se senta sem argumentos. Ele precisa decidir se acredita ou desiste daqueles homens.

– Beba um pouco dessa água, ela lhe fará bem. – diz José entregando o odre a Rodrigo.

– Obrigado, senhor. – agradece o rapaz sedento.

Após dar várias goladas e saciar sua sede, enfim Rodrigo cede à proposta dos amigos.

– Se eu aceitar ir com os senhores, como poderei me locomover, visto que só há dois camelos?

– Chamaremos um cavalo para te levar. – diz Fernandez.

– Mas não vejo ninguém por essas bandas capaz de me trazer um cavalo.

– Basta concordar para que tudo comece a acontecer, meu jovem.

– Como assim? – pergunta Rodrigo.

– Aqui nesse lugar, nada acontece sem a sua permissão. Nós não faremos nada contra a sua vontade.

– Que bom, pelo menos isso.

– Se decidires ir conosco, iremos providenciar seu transporte.

– Desejo, sim, ir com os senhores.

– Então permaneça sentado, em breve, o animal que vai te levar vai chegar até nós.

– Se é assim, assim será. – diz Rodrigo se sentando.

Passados alguns minutos, ouve-se o relinchar de Hió.

– Esse relincho eu conheço! – diz o cigano.

– É o seu cavalo que está vindo, Rodrigo. – diz Fernandez.

– Mas como assim? Ele está com Sula, onde está a minha amada?

– Tenha paciência, meu rapaz, tudo acontecerá dentro do tempo determinado para acontecer.

– Mas deixei Hió tomando conta de Sula.

– Tenha paciência. – insiste Fernandez.

Hió chega galopando em direção a Rodrigo, que se põe de pé para a abraçar o amigo.

O encontro é emocionante. Hió, feliz, relincha ao lado de seu amado cigano, que abraça e acaricia a cabeça do animal. São almas gêmeas que se encontram.

– Está feliz agora, Rodrigo?

– Sim, Fernandez, não sei como você conseguiu fazer isso.

– Um dia você vai compreender.

– Obrigado por ter me trazido Hió.

– Podemos começar nossa viagem?

– Tenho receio de sair desse lugar, espero por Sula.

– Confie em nós. – insiste José.

– Mas se ela conseguir chegar aqui e não me achar?

– Vamos seguir viagem, Rodrigo, você encontrará todas as respostas em nossa cavalgada.

– Não sei se devo ir.

Hió, nesse momento, se põe em posição de viagem e Rodrigo sabe disso.

– Devo seguir, não é, Hió?

O cavalo relincha para seu amigo balançando a cabeça como se dissesse sim ao cigano.

Após breves minutos em reflexão, Rodrigo decide viajar.

– Vamos, senhores, vamos ao nosso destino. Confio em meus ancestrais eles me levarão à minha tribo e ao meu amor. E, afinal, não sei mais o que fazer, sequer tenho consciência de quantos dias estou aqui.

– São poucos dias, meu amigo. – diz Fernandez.

– Subam em seus animais, amigos, e vamos em frente. – diz José.

Assim, Rodrigo, Fernandez e José se põem em direção à Terra Santa.

“Deus dá à seus melhores soldados as mais difíceis batalhas.”

Frei Daniel

A viagem

Após algumas horas cavalgando, Rodrigo percebe que aquele lugar não é o Cairo. O lugar é escuro, fedido, lamacento e a chuva não dá tréguas, as árvores estão todas queimadas, o cheiro forte de enxofre o incomoda muito. Hió segue firme em seu galope levando em seu dorso o nobre amigo cigano.

– Meus amigos, eu posso lhes perguntar uma coisa?

– Sim, Rodrigo. – diz José.

– Que lugar é esse? É muito diferente do lugar em que eu estava.

– Esse é um vale, precisamos passar por ele para chegar ao nosso destino.

– Mas José, a Terra Santa fica para o outro lado, estamos na direção errada.

– Estamos no caminho certo, Rodrigo. Confie em nós. – diz Fernandez se aproximando.

– Nessa história de confiar em vocês, eu só estou me distanciando ainda mais dos meus.

– Vamos em frente, meu rapaz – insiste José.

Hió se mantém firme em galope.

– Estranho, parece que Hió conhece esse caminho, mas eu nunca passei por aqui com ele.

– Ele conhece nosso destino, Rodrigo. Se não confias em nós, confie em seu cavalo.

– Nesse eu confio, amigos, sempre confiei, fui eu mesmo que o adestrei. Lembro-me como se fosse hoje o dia em que o encontrei com sua cavalaria correndo por uma linda colina. Era uma tarde de sábado, e por incrível que pareça, foi um encontro quase que espiritual.

– Como assim, espiritual?

– Quando eu me aproximei dele para jogar o meu laço, ele simplesmente ficou parado esperando que eu o capturasse.

– Não reagiu?

– Por isso acho ser algo espiritual, parece que eu o conhecia, não sei bem explicar.

– Coisas inexplicáveis na vida são coisas espirituais, Rodrigo. – diz Fernandez.

– Você também pensa assim?

– Sim, eu penso assim. – insiste o amigo.

– Sigamos em frente. – diz José.

– Tenho fome. – diz Rodrigo.

– Logo à frente, encontraremos um local de repouso. Vamos descansar os animais e aproveitamos para comer e descansar também. – diz José.

– Vocês são peregrinos nesta região?

– Sim, Rodrigo, esse é nosso lugar de trabalho.

– Como assim trabalho?

– Estamos no universo para ajudá-lo, assim, cada um de nós tem uma missão a cumprir em todos os planos existências do Criador.

– Planos existências? O que é isso?

– Achas que Deus só criou um lugar para seus filhos? Uma única experiência? Uma única vida?

– Não, eu acho que não, eu acredito existirem muitas oportunidades, mas não tenho certeza disso. A minha mãe sempre me dizia que a vida tem muitas coisas ocultas que, no tempo certo, iremos conhecer. Ela me disse uma vez que quando morremos, voltamos a nos encontrar com os nossos ancestrais para ajustarmos aquilo que porventura tenha ficado para trás. Colheita do plantio da vida terrena, era assim que ela me dizia.

– Sua mãe é de grande sabedoria, Rodrigo.

– Sim José, a minha mãe foi e será sempre minha fonte inspiradora, meu pai também foi muito importante para mim, o velho Manolo sempre julgou com sabedoria. Ele tinha algo de especial.

– O que? Você sabe dizer?

– O meu pai sempre me presenteou com conselhos que muito me auxiliam nas decisões que tenho que tomar para manter a harmonia em nossa tribo. "Um grande líder é sempre um grande ouvinte e exímio pensador", dizia meu velho pai.

– Manolo é realmente um grande homem. – diz Fernandez.

– Sim, meus pais foram e serão sempre o meu melhor exemplo.

– Há alguma lembrança que lhe magoa o coração, Rodrigo?

– Não, eu não tenho nada a reclamar dessa vida. Aliás, minha vida sempre foi de alegria.

– Como tens vivido ela?

– Com justiça, fé, esperança e amor.

– Que bom que ages assim, meu rapaz! – diz José.

– Talvez seja por isso que estamos aqui. – diz Fernandez.

– Como assim, Fernandez?

– Rodrigo, “Deus confia a seus melhores soldados as mais difíceis batalhas”. Já ouviste falar disso?

– Estamos em uma batalha?

– Sim, entre as lembranças e a realidade. – diz Fernandez.

– Vocês estão me confundindo.

– Não se confunda, em breve, você vai entender tudo.

– Eu não sei bem ao certo há quantos dias estamos a cavalgar, mas parece uma eternidade e esse lugar de descanso não chega. Estou com fome, como disse.

– Já estamos chegando. Após aquela curva, chegaremos à casa de Moisés.

– Quem é Moisés?

– Um amigo. – diz José.

– Ele mora aqui nesse lugar?

– Ele tem uma morada de acolhimento aos viajores.

– Casa de acolhimento?

– Sim, um lugar para pessoas como nós, que estamos viajando e precisamos descansar.

– Ainda bem que existem pessoas assim. – diz Rodrigo.

– Olhem, a curva está à frente.

– Ainda bem! – diz Rodrigo.

E após alguns minutos, eles chegam ao lugar.

A casa de Moisés e um enorme casarão. Na frente, há alguns pés de tâmaras, um jardim com pequena vegetação remete o lugar a um paraíso em meio à tanta escuridão. Candelabros estão acesos na pequena recepção e por toda a varanda que cerca o lugar. A porta se abre em duas bandas. As paredes são de calcário amarelo. Há iluminação em todo lugar. Parece um oásis de luzes acesas em meio à escuridão.

Logo que chegam, três escravos negros aproximam e pegam os animais pelas rédeas levando-os para os fundos da enorme estalagem.

– Posso confiar Hió a esses escravos, José?

– Sim, claro, são homens de Moisés.

Rodrigo desce de seu cavalo e fica aguardando que seus companheiros deixem seus animais. Ele fica admirando a beleza do lugar.

José se aproxima do cigano.

– Agora, você vai poder descansar e se alimentar, Rodrigo.

– Não vejo a hora, tenho fome.

– Vamos entrar e comer.

José então coloca seu braço esquerdo sobre o ombro de Rodrigo e, junto com ele, adentra o lugar.

Ao entrar, os viajores dão de frente com um enorme balcão. Não há bebidas e muito menos comidas expostas no lugar. O que há são enormes pinturas sacras nas paredes. Iluminações direcionadas para essas paredes dão ao lugar um aspecto de uma exposição de obras de arte. Vários papéis estão colados nas paredes com pergaminhos antigos abertos sobre o lugar.

Há poucas mesas e apenas dois enormes bancos onde pode-se ver algumas pessoas sentadas conversando.

Rodrigo estranha, pois ele achava que ali havia um restaurante ou coisa parecida, como é comum nas tabernas do Egito.

Admirado com a beleza do lugar, ele fica parado fixando o seu olhar para as lindas telas.

Uma linda jovem se aproxima do grupo.

– Boas noites, senhores.

– Boa noite, Samira. – diz José.

– Trouxe o rapaz?

– Sim, é esse aqui ao meu lado. Com licença, eu tenho que ver o Fernandez. – diz José saindo do lugar.

Samira então se dirige a Rodrigo.

– Rodrigo?

– Sim. – responde o cigano distraído.

– Vamos entrar?

– Quem é você?

– Eu me chamo Samira.

– Samira, onde estão o José e o Fernandez?

– Eles estão lá fora a cuidar dos animais.

– Mas ele entrou comigo, o José.

– Ele teve que voltar. Você está com fome?

– Sim, mas, pelo visto, não tem nada aqui para comer.

– Tem, sim. Na parte dos fundos, você receberá alimento e poderá descansar para conseguir prosseguir a viagem.

Samira é uma jovem egípcia, morena de olhos cor de mel, seus cabelos negros e longos estão escondidos sob um véu de cor azul clara. Ela veste um lindo vestido da mesma cor que lhe realça a silhueta de uma linda jovem. Ela usa variada bijuteria, que embeleza sua roupa e realça ainda mais o seu rosto.

– Você vive aqui? Como é mesmo o seu nome?

– Samira, eu estou aqui neste momento realizando um trabalho muito importante para mim.

– O que faz uma menina tão bonita em um lugar como esse?

– Auxílio ao próximo, Rodrigo!

– Você trabalha aqui auxiliando o próximo?

– Também. Venha, vamos entrar, você precisa se alimentar e descansar. – diz Samira puxando Rodrigo pelo braço direito. – Venha – insiste a jovem.

Sem questionar, Rodrigo cede ao apelo de Samira e a acompanha para a parte de trás do lindo lugar.

Admirado com tanta beleza, ele segue sem perceber que anda por alguns minutos por um enorme corredor que dá acesso a vários quartos.

Após alguns minutos finalmente eles chegam na porta 17.

– É aqui que você vai ficar descansando, Rodrigo.

– Quarto 17?

– Sim, quarto 17.

– Posso entrar?

– Sim, entre.

Rodrigo abre a porta e se depara com um lindo e confortável lugar.

Uma cama bem confortável o espera. Há algumas poltronas e lindos tapetes enfeitando o chão e as paredes. Uma pequena mesa com duas cadeiras está posicionada para um pequeno banquete alimentar.

– Sente-se, Rodrigo, e coma o quanto quiser. – diz Samira conduzindo Rodrigo até a farta mesa.

Uma bandeja com frutas frescas, uma gamela com arroz, outra com uma deliciosa sopa de grãos e vários pães frescos. Há ainda um jarro com suco de tâmaras feito especialmente para acompanhar a refeição.

– Todos que chegam aqui são tratados assim, Samira?

– Não, nem todos são tratados assim.

– O que fiz para merecer esse lugar?

– Comportou-se, Rodrigo.

– Comportei-me? Como assim?

– Seus amigos irão lhe explicar isso melhor.

– Tudo aqui é muito estranho, estou muito confuso, nem sei o que pensar.

– Não pense neste momento. Coma, banhe-se e descanse. Vocês só irão viajar amanhã, hoje é dia de descanso.

– Samira, e meus amigos? Onde irão ficar?

– Em quartos iguais a esse.

– Eles também serão tratados assim?

– Sim, eles são especiais para nós.

– Especiais?

– Sim, são amigos especiais.

– Você sabe alguma coisa sobre mim?

– Como assim? Alguma coisa sobre você?

– Não sei explicar, mas me parece que temos alguma coisa em comum.

– Eu nunca lhe vi, essa é a primeira vez que estou te vendo.

– E me trata assim?

– Assim como?

– Bem, você está me tratando muito bem!

– Esse é o meu trabalho de hoje.

– Posso te falar uma coisa?

– Sim, claro que sim.

– Meu coração está em sofrimento. Me perdi do meu amor, estou aqui sem entender muito bem tudo isso que está me acontecendo. Sinto saudades de Sula, dos meus irmãos e da minha gente. Estou muito triste, não sei o que me aconteceu, e muito menos o que aconteceu a Sula. Eu falhei em protegê-la.

– Não se sinta assim, tudo o que vos acontece tem um motivo para ser.

– Nem sei o que pensar direito.

– Não pense, descanse. Amanhã é outro dia.

– Esse homens me acharam na estrada, cuidaram de mim sem me conhecer. Vieram com uma história estranha de que estavam procurando por um homem que tem o mesmo nome que o meu, agora estou aqui, longe de tudo e de todos e, pior, sem entender nada.

– Rodrigo, sente-se aqui. – diz Samira pegando nos braços do cigano.

Após sentar-se, ele fica olhando para a linda e jovem mulher.

– Nada está ao acaso, confie nisso. Agora, coma e descanse. Amanhã, muitas coisas lhe serão reveladas.

– Onde posso banhar-me?

– No final desse corredor, há uma sala de banhos. Vá até lá após comer, banhe-se e descanse. Amanhã logo cedo, trago o seu desjejum e poderemos conversar um pouco mais.

– Está bem, estou cansado mesmo, essa roupa molhada me fez mal.

– Suas coisas estão sobre a cama, os escravos trouxeram sua bagagem. Agora, banhe-se, troque de roupa, coma e descanse.

– Obrigado, Samira.

– De nada, e até amanhã.

– Obrigado! – diz Rodrigo.

Samira deixa o quarto 17. Seguindo as orientações da jovem mulher, após tomar um bom banho, Rodrigo come e se deita. Seus pensamentos estão confusos ele não consegue tirar de sua mente o lindo sorriso de Sula.

– O que será de mim, meu Deus? – Roga o cigano às forças superiores.

Seus olhos se enchem de lágrimas com saudade de todos os seus amores.

Após banhar-se, o cansaço vence Rodrigo e ele dorme uma longa noite de descanso.

Na manhã seguinte, Samira bate suavemente à porta de Rodrigo.

Ele se levanta e abre a porta.

– Bom dia, Rodrigo!

– Bom dia, Samira.

– Dormiu bem?

– Parece que dormi uma eternidade.

– Que bom! Aqui está o seu desjejum.

Uma bandeja de prata traz frutas, um chá bem quente e alguns pedaços e pão fresco e pastas.

– Não demore, seus amigos já estão prontos a te esperar.

– Que horas são?

– É cedo ainda. Apronte-se, eles estão a te esperar.

– Obrigado, Samira.

– De nada, Rodrigo. – diz a jovem deixando o quarto 17.

Após o café matinal, Rodrigo se veste apropriadamente, recolhe seus pertences juntando-os em uma pequena sacola e deixa o quarto.

– Olha quem vem aí! – diz José, que está de pé no final do corredor aguardando Rodrigo.

– Perdoe a demora, amigos.

Fernandez está ao lado de José.

– Está pronto para seguirmos?

– Sim. Onde está Samira?

– Ela está na sala ali à frente.

– Eu posso me despedir dela?

– Sim, claro que sim. – diz José. – Vamos até a sala dela.

– Obrigado.

Rodrigo está calmo, sua feição é de serenidade. Algo está modificado no rapaz.

Alguns passos à frente está a sala onde Samira fica. Com três pancadas à porta, ele pede permissão para entrar na sala onde ela está.

– Com licença?

– Olá, Rodrigo! – diz Samira se levantando de uma cadeira onde mexia em alguns papéis sobre a mesa.

– Estou atrapalhando?

– Não, só estava aqui separando algumas fichas.

– Eu quero te agradecer por ter cuidado de mim.

– Não há o que agradecer.

– Eu posso lhe fazer uma pergunta?

– Sim, claro que sim!

– Durante toda a noite, eu percebi que havia uma luz intensa sobre mim, uma luz de cor violeta. Você sabe me explicar o que era aquilo?

– Como assim? Uma luz violeta?

– Parecia que essa luz mexia com todo o meu corpo, juntando pedaços de mim em mim mesmo. Eu não sei explicar isso muito bem. Só achei muito estranho. O engraçado é que eu percebia aquela luz, mas ela não me incomodava, pelo contrário, ela me enchia de paz.

– Estás se sentindo melhor?

– Estou me sentindo como nunca. Há uma paz inexplicável dentro do meu coração. Toda a angústia que eu cheguei aqui sentindo se desfez, estou confiante de que vou encontrar-me em breve com todos os que amo muito, eu tenho essa sensação, é uma sensação de paz inexplicável, como já disse.

– Que bom que te sentes assim.

– Mas e a luz?

– Que luz?

– A luz violeta.

– Talvez sejam os anjos do senhor a te iluminar, Rodrigo.

– Você acredita em anjos?

– Há muitas coisas que ainda não compreendermos, meu amigo.

– Bom, de qualquer forma, eu quero te agradecer pela atenção e carinho comigo. Obrigado por me alimentar e me ajudar.

– Eu é que agradeço pela oportunidade de servir meu jovem amigo cigano.

– Temos que ir. – diz José se aproximando da porta entreaberta.

Samira se levanta e abraça Rodrigo carinhosamente.

– Vá em paz, meu amigo, cuide-se e cuide muito bem daqueles que você tanto ama.

– Obrigado, Samira. – diz Rodrigo se despedindo.

– Vamos? – diz José.

– Sim, vamos.

Rodrigo, acompanhado de José, deixa a sala de Samira, que fica na porta olhando seus amigos se distanciarem.

Hió está selado e pronto para viagem, e ao ver Rodrigo, relincha de felicidade.

– Bom dia, Hió! – diz o Cigano.

– Bom dia, Rodrigo! – diz Fernandez do alto de seu camelo.

– Suba, Rodrigo, vamos embora.

Dois escravos seguram os animais dando suporte à montaria de Rodrigo e José. Assim, após montarem seus animais, todos seguem pela enlameada estrada com destino à Terra Santa.

"Em gotas, o evangelho do Cristo enriquece nossa alma de sabedoria."

Fernandez

Descobrindo-se

Camelos são meio de transporte lento comparado aos cavalos. A viagem parece não ter fim.

– Senhores, por que não preferem os cavalos? Eles são mais rápidos. – diz Rodrigo.

– Os camelos são mais eficientes, resistentes e muito mais inteligentes que os cavalos, Rodrigo.

– Engano seu, José, Hió me conhece perfeitamente, quase fala comigo.

– Hió é um animal diferente, não podemos compará-lo aos demais animais.

– Todos os cavalos que adestrei ou encantei são animais muito inteligentes.

– Confesso que os cavalos são mais indicados para esse tipo de viagem, mas para encarar o calor do dia e o frio da noite do Egito, nada melhor do que um bom camelo, meu amigo!

– Logo teremos que parar novamente para o descanso de seu animal, enquanto os camelos são capazes de cavalgar por muitos dias sem descanso, são muito mais resistentes. – insiste Fernandez.

– Vejo-me em situação que devo concordar com os amigos. Realmente, os camelos são melhores viajores no quesito resistência. Mas eu sou incapaz de deixar o meu cavalo Hió.

– Que bom que reconheces, Rodrigo.

– Estamos muito distantes? Quantos dias levaremos para chegar ao nosso destino?

– Acredito que em sete dias, aproximadamente.

– Meu coração, embora conformado, não vê a hora de chegar para que eu possa saber tudo o que me acontece nesse momento. Tenho muitas dúvidas dentro de mim que espero serem respondidas.

– O que achas que está te acontecendo, Rodrigo?

– Não sei explicar, José. Algo mudou, isso tenho certeza.

– Nem desconfias?

– Olha, para ser bem sincero, acho que estamos sendo punidos pelo massacre ocorrido na invasão de Napoleão. Acho que Deus está me punindo e também ao Egito.

– Por que achas que Deus está te punindo?

– Fernandez, fui eu quem forneceu a maioria daqueles cavalos do exército de Omã. Tenho uma parcela de culpa em todas aquelas mortes.

– Achas mesmo isso?

– Sim, acho sim. Eu aprendi com os meus pais que tudo aquilo que semeamos iremos colher. Eu nunca imaginei que todos aqueles animais que adestrei e treinei serviriam para um massacre de pessoas, sempre fiz isso no intuito de que aqueles animais servissem aos seus donos nos trabalhos diários, cotidianos, lazer etc. Entende?

– Se teu coração agiu assim, onde está o pecado?

– José, aqueles cavalos transportaram os soldados para os frontes da batalha. Os cavalos que eu amansei foram o veículo de morte.

– Que tolice, Rodrigo.

– Achas ser isso uma tolice?

– Se eu te dou uma blusa e você decide transformá-la em outra coisa, qual o sentido da blusa?

– Não entendi, Fernandez?

– Se eu te dou de presente um odre, por exemplo, e você resolve colocar veneno dentro de seu odre ao invés de água, que culpa tenho eu de ter lhe presenteado com o odre?

– Nenhuma. – diz Rodrigo.

– Pois bem, quando você amansou aqueles cavalos, você os preparou para que?

– Para o serviço do bem.

– E se foram usados de outra forma, que culpa tens?

– Nenhuma.

– É assim, Rodrigo, que Deus vê as coisas de seus filhos. Deus e o universo o julgam de acordo com seus sentimentos. Se eles são bons, o julgamento é bom, se eles são maus, o julgamento é mau, simples assim.

– Achas mesmo que não fiz nada errado?

– Se foi só isso que fizeste, acho que estás livre do castigo divino. – diz José.

– Então, por que estou aqui?

– Aqui onde?

– Aqui com os senhores?

– Estamos indo em uma direção, todos estão seguindo seu roteiro próprio, Rodrigo, não há nada ao acaso.

– Samira me disse isso.

– Ela sabe o que diz. – diz Fernandez.

– Eu só quero encontrar Sula, só isso!

– Fale-nos um pouco sobre Sula.

– Eu não tenho muita coisa para falar dela. Eu a conheci há pouco tempo, mas parece que a conheço há uma eternidade, sabe? Minha alma pertence à alma dela e vice-versa, é isso que posso dizer.

– Acreditas nisso?

– Sim, José, acredito muito nisso.

– Como é sua relação com Deus, Rodrigo?

– Desde menino, eu rezo todos os dias antes de dormir, aprendi isso com o meu pai, ele sempre me ensinou a conversar com Deus. Sem Deus somos almas vazias, José, agradeço a tudo o que tenho, agradeço pela vida, pelos amigos, pela família, pela comida, enfim, por tudo.

– Como é então ser um líder cigano com tão pouca idade?

– Desde os dezesseis anos eu já auxiliava o meu pai e minha mãe nas decisões sobre nossa tribo. Fui educado para liderar. Parecia que o meu pai e a minha mãe sabiam que não viveriam muito tempo.

– Achas isso?

– Sim, o engraçado é que sinto muito a falta deles, mas tenho algo dentro de mim que me tranquiliza, parece que é só uma separação temporária, só isso. Acho que, um dia, eu vou estar novamente com eles, e aí sim poderemos relembrar tudo o que de melhor vivemos juntos.

– E seus irmãos, Rodrigo? – pergunta Fernandez.

– São almas gêmeas minhas. Zaira é minha metade e Suazi o irmão que qualquer um gostaria de ter.

– Sente falta deles?

– Parece que se passaram alguns anos, estranho o que está acontecendo dentro de mim. Ontem mesmo me afastei de Sula e segui aquela trilha onde vocês me encontraram, mas dentro de mim parece que já se passaram meses, anos, sei lá. Algo muito estranho, parece que estou distante deles há muito tempo. Uma sensação que não sei explicar.

– E se te dizermos que já se passaram oito meses, você vai acreditar?

– Claro que não. Não passou esse tempo todo. Vocês estão me deixando confuso. Podem me explicar melhor isso?

– Rodrigo, primeiro eu quero falar um pouco para você sobre você mesmo.

– Diga, José.

A cavalgada é lenta entre montes de areia fria do deserto. O sol está fraco, há pouco vento e poucas tamareiras. Não estão mais em escuridão e não há mais chuva. O caminho é seco e árido. Três viajores conversam na longa estrada que os leva à Terra Santa.

– Naquela noite em que dormiu na hospedaria, você realmente ficou envolto na luz violeta?

– Como sabes disso? Eu só falei sobre isso com Samira.

– Você pode me responder sem perguntar?

– Perdoe-me, José, mas esse assunto eu conversei com Samira e ela não soube me explicar.

– Deixe-me te explicar uma coisa, Rodrigo, nós viemos a esse lugar para buscá-lo e levá-lo para a Terra Santa, lembra?

– Sim, estou aqui com os senhores.

– Pois bem, sabemos muita coisa a seu respeito, meu rapaz.

– Como assim?

– Olhe isso. – diz Fernandez retirando de uma sacola que carrega muito próximo de si um pequeno pergaminho dourado e entregando-o nas mãos de Rodrigo.

– Sabes ler, Rodrigo?

– Sim, claro que sim.

– Então, leia. – diz José.

A cavalgada se torna mais lenta. Rodrigo solta as rédeas de Hió e abre o pequeno pergaminho lendo as informações ali colocadas.

Nome: Rodrigo

Casta: Cigano

Pai: Manolo

Mãe: Siara

Irmãos: Zaira e Suazi.

Origem: Índia.

Local de primeiro nascimento: Nepal

Encarnações: Dezesseis.

Nível: Oito.

Na parte inferior do pergaminho, há um pequeno mapa com algumas marcas coloridas.

Estarrecido, Rodrigo olha aquele pergaminho e fica estático sem entender muito bem o que é aquilo.

– O que é isso?

– Isso é você, Rodrigo.

– Como assim eu?

– Todos temos um registro. Aí está tudo o que precisamos saber de você.

– Me perdoem, mas estou confuso. Quem são vocês, o que está acontecendo aqui?

– Nós somos os amigos que vamos te levar para a Terra Santa, como sabes.

– Disso eu já estou cansado de saber.

– O que pergunto é o que é esse pergaminho?

– Ele traz informações sobre você e sua vida.

– Em todo tempo vocês sabiam disso?

– Sempre soubemos que você é o Rodrigo que viemos buscar.

– Mas...

– Não fique preocupado com isso, Rodrigo. – diz José acalmando o cigano.

– Estou confuso. O que está acontecendo aqui?

– Rodrigo, vamos parar para descansar um pouco.

– Não me sinto cansado. Por favor, vamos seguir adiante, quero chegar logo ao nosso destino. Preciso me encontrar com Sula.

– Se preferes assim, vamos em frente. – diz Fernandez.

– Prefiro assim, quero ver que fim vai levar isso.

Rodrigo parece irritado.

– “Nível oito”, o que será isso? Primeiro nascimento no Nepal? O que é isso? Eu nunca sequer fui ao Nepal.

Um grande clarão é visto à frente.

– Que lugar é esse tão claro?

– Merfizés.

– Merfizés? Nunca ouvi falar desse lugar.

– É uma cidade muito bonita.

– Deve ser mesmo. Aquela chuva horrorosa ficou para trás, já não há mais escuridão, me sinto melhor, mais disposto, mais forte, sei lá. – diz Rodrigo.

– Sentes fome?

– Não, não sinto fome, podemos passar direto e seguir nosso destino?

– Infelizmente, não. Precisamos encontrar mais duas pessoas que irão conosco até a Terra Santa.

– Mais companhias?

– Sim, dois amigos que precisamos levar conosco. Se importa Rodrigo?

– Não, claro que não.

– Estamos muito próximos, vamos ser os mais breves possível – diz José para tranquilizar Rodrigo.

Merfizés é uma pequena cidade. Há apenas vinte e três casarões, todos com uma inscrição na porta. A alameda que separa as construções são arborizadas, há pés de tâmaras nos dois lados da extensa avenida.

– Bonito esse lugar. – diz Rodrigo.

– Sim, é um lugar iluminado.

– Quem mora aqui?

– Essa é uma morada transitória, como muitas que existem por aqui, Rodrigo. – diz Fernandez.

– Muitas? Como assim?

– Essas cidades foram criadas para acolher as pessoas que transitam pelas esferas evolutivas. Em todo lugar do universo, você vai encontrar esse tipo de hospedagem.

– E para que servem?

– Equilíbrio, paz, refazimento, reflexão, sintonia, arrependimento, perdão, encontrar-se consigo mesmo, enfim, para várias coisas.

– Estou confuso.

– Deus quer que todos os seus filhos sejam felizes, não há, em hipótese alguma, sofrimento na vida espiritual, Rodrigo.

– Vida espiritual? Como assim, José?

– Somos espíritos, Rodrigo, seres eternos criados por Deus para alcançarmos o objetivo maior.

– Que eu sou algo além de mim eu sempre soube, mas espírito?

– Sim, somos todos espíritos. – diz José.

– E qual o objetivo de Deus?

– Que nos tornemos perfeitos.

– Para que?

– Para auxiliá-lo.

– Eu, um auxiliar de Deus? Vocês estão loucos?

– Um dia, todos seremos auxiliares de Deus, meu amigo. Aliás, já estamos no universo auxiliando o Criador.

– Mas para que ele quer isso?

– O universo se subdivide em outros universos, Rodrigo, há muito trabalho para os filhos D'Ele.

– Outros universos... vocês estão ficando loucos mesmo. Onde eu vim parar...

– Pense como Deus, Rodrigo. – insiste José.

– Eu? Pensar como Deus?

– Temos uma partícula de Deus dentro de nós. Cada um carrega um pedaço Dele. – diz Fernandez.

– Meu Deus, onde estou?

– Tenha calma, eu vou te apresentar uma pessoa que vai me ajudar a te explicar tudo isso.

– Espero, porque, sinceramente, não estou entendendo muito bem.

– Tenha calma.

Na entrada da pequena cidade, há um enorme portão de madeira feito com ripas de cores variadas.

A beleza do lugar encanta Rodrigo.

– Que lugar bonito!

– Sim, é um lugar muito especial. – diz José.

– Venham, senhores. – diz Fernandez aumentando o galope de seu camelo.

Rodrigo segue feliz, enfim, galopar é sua especialidade.

Após passarem por alguns casarões, eles chegam ao que parece ser o galpão da administração do lugar.

– Vamos parar aqui, senhores. – diz Fernandez aproximando seu camelo da calçada também colorida.

Todos param. O lugar parece deserto, não há ninguém na longa e extensa alameda. O sol alaranjado se mostra entre nuvens brancas, a tarde começa a cair.

– Vamos entrar, senhores. – diz José descendo de seu camelo.

Rodrigo desce de Hió e o amarra a uma pequena cerca feita de ripas coloridas.

– Tudo aqui é assim?

– Assim como, Rodrigo?

– Colorido. Esse lugar é para crianças? – Risos.

– Por que estão rindo?

– Você é engraçado. – diz José.

– Não sou engraçado, é que tudo aqui é colorido.

– É porque é um lugar feliz, Rodrigo. – diz Fernandez.

– Tem crianças aqui?

– Sim, várias.

– E onde estão? Não as vejo pela rua.

– Essa é a hora das orações, estão todas lá dentro. Você já vai descobrir, venha.

Rodrigo, José e Fernandez chegam à varanda que dá acesso ao lugar.

José se aproxima da porta e abre-a lentamente.

A visão é única.

Na verdade, aquele lugar é uma linda igreja toda dourada. Há imagens por todos os lados. Pinturas desde a parte mais baixa até o teto. A cúpula é de vidro amarelo, o que realça o dourado do lugar. Dezenas de pessoas estão sentadas assistindo a uma missa. Um rapaz é quem faz a missa. Ele veste uma bata de cor vermelha, tem em uma das mãos um cajado dourado com pedras verdes. Todos estão concentrados e ouvem a pregação do jovem pastor.

Rodrigo fica encantado com tanta beleza. Olha para José, que coloca o dedo indicador sobre os lábios pedindo ao cigano que faça silêncio.

– Que isso? – diz Rodrigo baixinho.

– Fique quieto, Rodrigo, por favor. – diz Fernandez.

– Meu Deus, que lugar lindo! – diz em voz baixa o cigano impressionado.

Todos os que estão naquele lugar vestem-se de branco. Eles usam uma bata que lhes cobre todo o corpo. Jovens, senhores, mulheres e crianças angelicais completam a beleza daquele lugar.

Um coral de meninas, todas loiras, está ao lado do sacerdote prontas para entoarem um canção.

A pregação é sobre Jesus e tudo o que Ele viveu por todos os que estão encarnados. – dizia o jovem sacerdote.

José puxa Rodrigo pelo braço e eles se sentam na última fileira, havia ali três lugares esperando pelos viajores.

Vasos dourados com rosas de cor amarela enfeitam ainda mais o lugar.

As cortinas são brancas com detalhes em dourado.

Do alto, desce um enorme e lindo lustre com pequenas velas acesas clareando o ambiente, centenas de velas. Incensos acesos perfumam o lugar.

Os bancos onde todos estão sentados são forrados com tecido branco.

Há ainda oito guardas vestidos com trajes romanos antigos guardando a reunião. Todos seguram lanças afiadas e escudo frente ao peito.

No alto da cabeça, há penas vermelhas presas nos capacetes de bronze colocados sobre aqueles fortes soldados.

Tudo é impressionante. Rodrigo fica calado e assustado com a beleza daquele lugar.

Por isso não havia ninguém nas ruas. Por isso o silêncio e o deserto daquele lugar.

– Agora entendo por que tudo estava tão quieto. – pensa Rodrigo. – O que será que está acontecendo comigo, meu

Deus? O que faço aqui? Quem são essas pessoas? O que será que fiz para merecer isso?

Após vinte minutos, todos muito atentos à pregação, o jovem pastor encerra o encontro com um linda oração. As meninas loiras cantam uma linda canção e todos se abraçam em harmonia.

Rodrigo, José e Fernandez permanecem sentados.

Os frequentadores começam a deixar o lugar.

Após vários abraços, Rodrigo fica ainda mais perdido, sem saber realmente o que está acontecendo naquele lugar.

– Posso saber o que é isso, José?

– Uma missa!

– Missa?

– Sim, uma missa, nunca ouviu falar de missa?

– Sim, claro que sim, mas tudo aqui é muito diferente.

– Eu já havia lhe falado que aqui é um lugar diferente, especial, lembra?

– Sim, mas é muito especial mesmo.

– Gostou? – diz Fernandez?

– Sim, muito bonito tudo isso aqui.

– Venha, Rodrigo, quero te apresentar o padre.

Rodrigo segue atrás de José, que se dirige ao altar para falar com o padre.

Após esperarem por alguns minutos sua vez para serem atendidos, finalmente eles sobem ao altar.

– Sua benção, padre. – diz José beijando a mão do sacerdote.

Rodrigo e Fernandez repetem o gesto se aproximando ainda mais do jovem sacerdote.

– Sejam bem-vindos, rapazes.

– Quem é esse rapaz, ou melhor, esse cigano?

– Rodrigo.

– Olá, Rodrigo, seja bem-vindo a Merfizés.

– O prazer é meu, senhor.

– Não me chame de senhor, sou muito jovem para ser tratado assim.

– Como devo chamá-lo?

– Daniel, esse é meu nome, Daniel.

– Está bem, Daniel, bonita igreja você tem aqui.

– Que bom que você gostou. E você, Fernandez, como está?

– Estou bem, Daniel.

– E você, José?

– Muito bem.

– Estão de passagem?

– Sim, estamos indo à Terra Santa. Vamos levar Núbia e Amon conosco.

– Eles estão ansiosos para lhes acompanhar.

– Demoramos um pouco para achar o Rodrigo, mas agora está tudo bem, vamos seguir em frente.

– Façam uma boa viagem. Se precisarem de alguma coisa, é só me procurar.

– Obrigado, Daniel.

– Cumpra o seu destino, Rodrigo, seja paciente e bondoso. Tudo está em seu devido lugar.

– Obrigado, Daniel. – diz Rodrigo encantado com a luz do jovem padre.

– Agora, deixem-me cuidar das coisas, afinal, há muito trabalho por favor nesse lugar.

– Obrigado, Daniel, pela acolhida. Vamos procurar Núbia e Amon. Vamos descansar essa noite, amanhã bem cedo partimos para nosso destino.

– Fiquem à vontade, rapazes. Com licença. – diz Daniel deixando o altar.

Rodrigo, Fernandez e José ficam parados esperando o jovem sair do lugar.

– Quem é esse padre? Meu Deus, que poder!

– Poder? Como assim, Rodrigo?

– Que luz tem esse rapaz. Ele me encantou, me deixou paralisado.

– O Daniel é um grande líder espiritual desse lugar, ele é também o dirigente principal daqui.

– Ele é quem dirige esse lugar?

– Sim, é o presidente de Merfizés.

– Presidente?

– Quem dirige tudo aqui Rodrigo, só isso!

– Ah, é que eu nunca tinha ouvido falar de presidente.

– Dirigente é melhor?

– Compreendo melhor assim. Mas ele é tão jovem!

– Você também é bem jovem para dirigir uma tribo cigana.

– Verdade. – diz o cigano. – Quem sou eu para julgar alguém.

– Que bom que você pensa assim! – diz José.

– Venham, rapazes, vamos procurar por Núbia e Amon.

– Quem são esses?

– Em breve, você vai conhecer. Venham, vamos. – diz José.

Empolgados, eles deixam a igreja e caminham a pé para o próximo casarão que fica a poucos metros daquele lugar.

Daniel havia subido para a parte superior da igreja, onde fica o centro administrativo de Merfizés.

"*Não há acasos nos desígnios de Deus.*"

Rodrigo

O encontro

— Entrem, senhores. – diz a jovem Mirna.

– Boa noite.

– Boa noite. O que desejam?

– Estamos a procura de Núbia e Amon.

– Vou chamá-los, aguardem, por favor.

O lugar é simples, há alguns bancos e um balcão onde as pessoas são atendidas.

A jovem Mirna entra para a parte de trás do lugar. Há um extenso corredor que dá acesso a vários quartos. O lugar é muito parecido com a hospedaria em que Rodrigo havia dormido.

– Vamos nos sentar e aguardar. – diz José se sentando em um dos vários bancos do lugar.

Rodrigo se senta ao lado de Fernandez em outro lugar.

As janelas estão abertas, o bom cheiro dos incensos da igreja perfuma todo o lugar.

– Bom esse cheiro.

– Muito bom, Rodrigo.

– Sabes o que é?

– Mirra, acho ser.

– Mirra?

– Sim, mirra.

– Mas eu conheço bem o cheiro de mirra e acho não ser esse o cheiro desse lugar.

– Vou perguntar a Núbia para saber.

– Quem é Núbia?

– A jovem que vai conosco.

– Ela vai viajar conosco?

– Sim, ela e seu irmão Amon irão viajar conosco.

– Temos mesmo que esperar por eles?

– Sim, serão a nossa companhia nessa viagem.

– O que irão fazer na Terra Santa?

– Irão se encontrar com alguém muito importante para eles.

– Como eu?

– Sim, como você.

– E quando partiremos?

– Amanhã bem cedo.

– Eu não vejo a hora de me encontrar com os meus familiares e amigos. A saudade de Sula me sufoca o coração. Eu preciso saber o que aconteceu com ela.

– Tenha paciência, estamos perto. Em breve, tudo voltará ao normal.

– Espero, estou aqui com vocês e não sei bem ao certo o que aconteceu com Sula.

– Ela deve estar bem.

– Como sabes disso?

– Não sei, simplesmente acredito que esteja tudo bem.

– Meu coração sofre, Fernandez.

– Eu compreendo, Rodrigo.

– Passei a contar os minutos que me separam do meu amor, a saudade é muito grande.

– Tenha um pouco mais de calma.

– Está certo, vou me acalmar.

Uma linda jovem chega ao lugar trazida por Mirna. Núbia é morena de olhos verdes, tem aproximadamente dezoito anos, veste um lindo vestido de cor violeta, usa um véu que lhe cobre parte do rosto. Sua beleza impressiona a todos. Ao seu lado, um garoto de apenas doze anos. Franzino, de pele clara e olhos azuis.

Ao olhar para o menino, Rodrigo se lembra de seu irmão Suazi. "Como parece esse menino com o meu irmão quando era menino!" – pensa o cigano.

– Essa é Núbia e esse, o seu irmão Amon, senhores. – diz Mirna.

Núbia estende a mão direita e cumprimenta todos os presentes.

Amon repete o gesto de sua irmã e educadamente ele cumprimenta a todos os presentes.

– Esse é o meu irmão, Amon.

– Está tudo pronto para a nossa viagem? – pergunta José.

– Sim, meu senhor. A nossa carroça já está pronta e nossa bagagem também.

– Quando partimos? – pergunta Amon.

– Amanhã bem cedo, meu rapaz. – diz Fernandez.

– Fiquem à vontade, descansem. Amanhã bem cedo estaremos eu e o meu irmão prontos para a viagem, senhores. Muito obrigado pela oportunidade de encontro e por me levarem junto com o meu irmão para a Terra Santa.

– Será uma honra para nós termos a sua companhia, Núbia. – diz José.

Após se cumprimentarem novamente Núbia deixa a sala levando o seu irmão.

– Onde iremos descansar? – pergunta José.

– Já separei dois quartos para os senhores. – diz Mirna.

– Onde fica o meu? – diz Rodrigo se levantando.

– Entrando nesse corredor. É o último quarto à direita, senhor. – diz a jovem.

– Senhores, se não se importam, vou até o quarto banhar-me e trocar essa roupa empoeirada.

– Faça isso, Rodrigo. – diz Fernandez.

– Com licença. – diz Rodrigo se afastando do grupo.

As horas passam. Após um banho, Rodrigo decide dar uma caminhada naquele lugar. Há, atrás desse grande casarão, um enorme jardim, são várias as plantas e flores que perfumam o lugar.

– Eu sabia, esse cheiro só pode vir desse lugar. – diz o cigano.

Um lindo pé de jasmim cacto perfuma todo o lugar.

– Eu sabia, tinha que ser você. – pensa o cigano.

– Rodrigo?

– Sim. – diz ele se virando para trás e percebendo a presença de Núbia.

– Você estava aqui? Perdoe-me, eu não te vi.

– Venho sempre para esse lugar quando preciso de paz e para pensar.

– Realmente, todo esse lugar é muito lindo, são impressionantes as coisas aqui.

– Mas quem é você? Me perdoe, eu não te conheço.

– Me chamo Núbia.

– Sim, isso eu sei. Núbia e seu irmão Amon.

– Isso.

– Mas o que fazem aqui?

– Estamos de passagem, assim como você.

– E tem também o mesmo destino que eu?

– Sim, estamos indo para Jerusalém.

– O que irão fazer lá?

– Iremos nos encontrar com os meus pais.

– Seus pais vivem lá?

– Não, não vivem propriamente lá, eles estão a me esperar lá, a mim e ao meu irmão.

– Que bom!

– E você?

– Eu não sei bem certo por que estou indo para Jerusalém. O José e o Fernandez me encontraram desmaiado na estrada e me disseram que eu tenho que ir até lá para encontrar algo que ainda não sei o que é, e que depois ele irão me levar para encontrar-me com a minha tribo e a minha amada Sula.

– Eles estão aonde?

– Não sei.

– Vamos nos sentar?

– Sim, claro, perdoe-me. – diz Rodrigo se dirigindo a um pequeno banco de somente três lugares muito próximo aos jardins.

– Pode ser aqui?

– Sim, aqui está ótimo. – diz Núbia.

– Você está há muito tempo aqui?

– Uns oito meses, mais ou menos.

– Estava esperando pelos rapazes para seguir viagem?

– Sim, por ordens de Daniel. Ele me disse que eu e o meu irmão deveríamos esperar pelo José e Fernandez para seguir junto com ele para nosso destino.

– Você é paciente.

– Temos que ser quando estamos aqui.

– Que lugar é esse?

– Como assim?

– Eu nunca ouvi falar de Merfizés.

– É uma cidade temporária.

– Já me disseram isso, difícil é compreender isso.

– Com o tempo você se acostuma, Rodrigo.

– Não quero me acostumar a esse lugar, não, eu quero mesmo é ir logo embora daqui e me encontrar com aqueles que amo. Você é muito jovem para ter toda essa responsabilidade.

– Que responsabilidade?

– Estar aqui esperando para viajar junto com o seu irmão. Engraçado, seu irmão se parece muito com o meu irmão quando ele era pequeno.

– Tens um irmão?

– Sim, tenho dois irmãos.

– Me fale sobre eles.

– Meu irmão se chama Suazi, a essa altura, seu filho já nasceu. E minha irmã, minha melhor amiga, se chama Zaira.

– E onde eles estão?

– Eu os deixei próximo ao Nilo, mas ordenei que todos fossem para o Sinai. Sabes da guerra?

– Napoleão?

– Sim.

– Sim, sabemos de tudo o que aconteceu no Egito.

– Pois é, Napoleão tomou o Cairo em apenas alguns dias, seu exército é sanguinário.

– Ainda bem que muitos conseguiram escapar.

– Ainda bem. – diz Rodrigo. – Eu posso te perguntar uma coisa, Núbia?

– Sim, pode.

– Qual sua origem?

– Como assim origem?

– Você é árabe, egípcia, judia... de onde és?

– Sou do Nepal. A minha origem é o Nepal.

– Como assim Nepal?

– Você me perguntou de onde sou, sou do Nepal.

– Engraçado, o José e o Fernandez me mostraram um pergaminho que dizia ser minha origem o Nepal.

– Olha, somos do mesmo lugar!

– Será que devo acreditar nisso?

– Nisso o que?

– Nesse pergaminho.

– Onde está ele?

– No meu quarto, queres ver?

– Acho interessante.

– Espere, vou buscar e já volto.

Assim, Rodrigo vai até o seu quarto e, em poucos minutos, retorna ao jardim trazendo nas mãos o pergaminho dourado.

– Olhe, Núbia, esse é o pergaminho.

Núbia pega o pergaminho e o abre para ler.

– Hum, interessante, Rodrigo.

– O que é isso?

– Isso é você.

– É, eu sei disso. O José ou o Fernandez, não sei bem quem falou, eles já haviam me falado isso.

– Esse é o seu histórico espiritual.

– Histórico espiritual? O que quer dizer isso?

– Olhe.

– Nome: Rodrigo

– Casta: Cigano

– Pai: Manolo

– Mãe: Siara

– Irmãos: Zaira e Suazi.

– Origem: Índia.

– Local de primeiro nascimento: Nepal

– Encarnações: Dezesseis.

– Nível: Oito.

– É isso?

– Sim, foi isso que eu li. O que não compreendes?

– Não compreendo nada disso.

– Eu vou tentar te explicar.

– Nome: Rodrigo. É você?

– Sim, acho que sim.

– Casta: Cigano. És cigano?

– Sim, sou cigano.

– Pai: Manolo. Seu pai se chama Manolo?

– Sim, meu pai se chama Manolo e minha mãe Siara, como está aí. Meus irmãos são Zaira e Suazi, como já lhe disse. O que eu não entendi foi o resto das coisas que estão escritas ai.

– Origem: Índia. Quer dizer o local da sua última vida. Quando você foi criado como espírito, sua primeira vida se deu no Nepal, mesmo lugar que eu. Olhe, você está vendo esse mapa aqui embaixo?

– Sim, o que quer dizer esses lugares marcados?

– Vamos contar quantas marcas têm em seu mapa?

– Sim, vamos.

Núbia, com o indicador direito, assinala cada marca do mapa, contando um total de dezesseis marcas.

– Dezesseis.

– Sim, dezesseis. – concorda Rodrigo.

– Olhe o que está escrito no seu pergaminho.

– Encarnações: Dezesseis. – lê Rodrigo.

– Isso quer dizer que você já esteve dezesseis vezes na vida corpórea.

– Vida corpórea?

– Sim, você viveu dezesseis vezes encarnado, teve vida aqui entre nós, entende?

– A minha mãe falava isso.

– Isso o que?

– Vidas sucessivas.

– Então, compreende o que é?

– Sim, vida após vida.

– Morremos e voltamos a viver.

– Sim, os rapazes me falaram sobre isso, evolução.

– Você está vendo essas marcas no mapa?

– Sim.

– Essas foram as cidades em que você viveu. Foram nelas que você adquiriu o patrimônio que tens agora.

– Você fala como Zaira.

– Achas?

– Sim, você fala como a minha querida irmã. Embora seja bem mais jovem que ela.

– Ela é a mais velha?

– Sim, mas isso não importa.

– Sim, claro que não importa.

– E esse número oito? O que significa?

– Em cada encarnação que temos, adquirimos experiências que vão nos modificando. Há uma escala evolutiva muito respeitada na vida espiritual. Assim, toda vez que você encarna e evolui, você ganha mais um número nessa escala.

– Quer dizer que eu sou oito?

– Sim.

– E isso é bom? Qual número preciso alcançar?

– Não sabemos ao certo, mas o número oito é um bom número.

– É?

– Sim, muitos ficam estacionados no número dois, número três. Essas são as fases mais difíceis do espírito.

– Espero conquistar um outro número em breve.

– Você está no caminho certo, Rodrigo. Acredite que Deus tem um propósito para a sua vida e siga os sinais que o universo lhe manda todos os dias.

– Você fala como minha irmã Zaira.

– Você já me disse isso, sinto-me lisonjeada.

– Eu é que agradeço por toda essa explicação. – diz Rodrigo segurando a mão de Núbia, que carinhosamente retribui o gesto acariciando também a mão de Rodrigo.

– Sabe, Rodrigo, Deus nos ama profundamente. Ele quer que sejamos felizes sempre. É para isso que estamos aqui, evoluir e ser feliz.

– Sinto paz em meu coração, Núbia, obrigado!

– De nada! Agora, tenho que ver o meu irmão. Tenha uma boa noite. Vá descansar, amanhã teremos um longo dia.

– Sim, vou ficar mais um pouco aqui, quero agradecer a Deus por tudo o que está acontecendo comigo.

– Faz muito bem! Faça isso, Rodrigo. Boa noite. – diz Núbia se levantando.

– Boa noite, Núbia, e obrigado.

– Guarde seu pergaminho, ele ainda tem muitas coisa a te revelar.

– Sério?

– Sim, guarde-o com carinho.

– Vou fazer isso. Obrigado mais uma vez!

– De nada, boa noite! – diz a jovem se afastando.

Após fazer suas preces naquele lugar mágico, Rodrigo vai até seu quarto e descansa aquela noite.

O frio deu uma trégua e todos os hóspedes dormem com as janelas abertas apreciando a linda noite de luar.

Na manhã seguinte, tudo está pronto.

Rodrigo é o primeiro a chegar à alameda, trazendo em sua mão seu amigo inseparável, Hió.

– Bom dia, Rodrigo! – diz Amon.

– Bom dia, garoto! Já te disse que você se parece muito com o meu irmão quando ele era pequeno?

– Não, você tem um irmão?

– Sim, um dia eu te apresento a ele. É impressionante como você se parece com ele.

– Qual é o nome dele, Rodrigo?

– Suazi.

– Que legal! – diz Amon.

– Bom dia, Rodrigo! – dia Núbia saindo de dentro da lona que cobre a pequena carroça.

– Bom dia, Núbia. Estás preparada para a viagem?

– Sim, estamos prontos, eu e o Amon.

– Vocês viram o José e o Fernandez?

– Foram buscar os camelos. – disse Amon.

Rodrigo então começa a arrumar a sua pequena bagagem no lombo de Hió.

José e Fernandez se aproximam montados em seus animais.

– Bom dia, senhores!

– Bom dia, José! – diz Rodrigo.

– Vamos seguir em frente? Estão todos prontos?

– Sim, Fernandez, estamos todos prontos. – diz Núbia.

Daniel aparece na frente do grande casarão.

– Bom dia, senhores!

– Bom dia, Daniel.

– Eu vim abençoar a viagem de todos. Que Deus ilumine a estrada em que vocês precisam passar para chegar aos seus destinos. Que o Pai celestial lhes envie anjos para que possais passar pelas provas evolutivas com serenidade e amor. A vocês, Rodrigo, Núbia e Amon, eu desejo sucesso na caminhada.

Rodrigo se aproxima de Daniel e lhe beija a mão direita em agradecimento por tudo.

– Obrigado, Daniel, por suas palavras e por tão lindo lugar.

– Eu é que agradeço, Rodrigo, pela oportunidade de estar mais uma vez a seu lado. Um dia, ainda poderemos conversar muito sobre todas essas vidas em que juntos traçamos nossos destinos.

– Vidas? Destinos? Como assim Daniel?

– Ao final de sua jornada, compreenderás tudo o que digo. Agora, monte seu fiel amigo e siga em frente, cuide bem de todos os que te esperam, cuide de Sula, de Núbia e principalmente de Amon.

Confuso, Rodrigo obedece às instruções de Daniel. Calado, ele sobe em seu cavalo e começa a cavalgar se distanciando da pequena caravana.

– Até breve, Daniel e obrigada por tudo! – diz Núbia emocionada e dando também partida em sua carruagem.

– Que Deus guie seus caminhos, Núbia. – diz o padre.

– Estamos indo, Daniel. Em breve, retornaremos.

– Que Deus proteja vocês, José e Fernandez. Sigam em frente, cumpram o que nos determina o Criador.

– Até breve, amigo. – diz José.

Daniel é acompanhado por Mirna que, emocionada, não consegue esconder uma pequena lágrima que desce de seu rosto.

– Está emocionada, Mirna?

– Não, na verdade, eu estava mesmo era com muitas saudades do Rodrigo.

– Deixe-o seguir seu destino.

– Eu sei, Daniel, eu sei. – diz Mirna secando suas lágrimas.

Daniel a abraça e ambos entram no grande casarão colorido.

Rodrigo segue à frente ainda confuso sem entender aquelas palavras de Daniel. José acelera o galope para alcançá-lo.

– Rodrigo, Rodrigo, diminua o galope, por favor, Núbia está ficando para trás.

Sem perceber que havia se distanciado muito dos amigos, ele se desculpa.

– Perdoe-me, José, estava distraído pensando naquelas palavras de Daniel. – diz o cigano freando seu cavalo.

José para ao lado de Rodrigo.

– Cada coisa que ouço me deixa mais confuso, não sei o que está acontecendo comigo.

– Estamos muito próximos de nosso destino.

– Quantos dias ainda temos pela frente?

– Poucos dias.

– Quantos?

– O tempo aqui é relativo, Rodrigo.

– Não me venha com mais coisas que eu não compreendo, por favor.

– Então não vamos falar de tempo. – diz José.

– Está bem, não vamos falar mais de tempo.

– Olhe, eles estão chegando.

A carruagem com Núbia e Amon se aproxima, atrás vem Fernandez.

– Perdoe-me, Núbia, estava distraído e me distanciei de vocês.

– Sem problemas, Rodrigo.

– Onde está Amon?

– Deitado aqui atrás. – diz Núbia.

Fernandez se aproxima.

– Senhores, já estamos há muitas horas cavalgando, por acaso vocês querem parar para descansar?

– Não, eu não quero. – diz Núbia.

– Por mim também não precisa parar. – diz Rodrigo.

– E você, José?

– Vamos até escurecer. Quando estiver bem tarde, paramos para descansar, o que acham?

Todos confirmam a vontade de seguir.

– Senhores, daqui por diante, eu vou à frente, precisamos ter mais cuidado com essa estrada. – diz José.

– Há perigo aqui?

– Não exatamente, Núbia.

– Então o que há? – pergunta Rodrigo.

– Somos peregrinos, atraímos coisas boas e ruins quando estamos nas estradas, só isso.

– Fique tranquila, Núbia, eu sei me defender e prometo te proteger também. – diz Rodrigo.

– Não haverá necessidade, Rodrigo. – diz Fernandez.

– Vamos em frente, pessoal.

A tarde chega trazendo junto uma escuridão incomum.

Todos seguem José, que vai à frente levando em uma das mãos uma tocha que ilumina a estreita estrada.

– Como está escuro hoje! – diz Núbia.

– Sim, a Lua ainda não apareceu. Quando ela subir, certamente essa estrada estará iluminada.

– Vocês ciganos andam pelas estradas iluminadas, Rodrigo?

– As estrelas formam um mapa ao qual seguimos.

– Como assim?

– No céu, há muitas estrelas. Nós ciganos nos orientamos pela posição das estrelas, nós fixamos nosso lugar em agrupamentos de estrelas, assim, é fácil segui-las.

– Não achei tão fácil essa sua explicação, Rodrigo.

– Olhe aquela constelação lá à direita.

Núbia olha para um agrupamento de estrelas que surge à sua direita.

– Estou vendo.

– Olhe, elas estão à sua direita, certo?

– Sim.

– Se você as mantiver à direita, chegará a um lugar em que ela permanecerá a direita, entende?

– Sim, mas me explique, por favor, como atingir um objetivo guiado pelas estrelas?

– Antes de partirmos para algum lugar, nós, os ciganos, pegamos um mapa e marcamos o lugar que queremos chegar, assim, esperamos pela noite. Nos colocamos dentro do mapa e olhamos para o céu. Assim identificamos em que lado estão as estrelas, basta não mudar o lado e certamente chegaremos ao nosso destino sem falhas.

– Agora eu entendi. Se o sol, por exemplo, está à direita do meu corpo, basta eu mantê-lo à minha direita que chegarei ao meu destino?

– Isso funciona para todos os astros.

– Olhe agora, a Lua nasce a nossa frente. Se o nosso destino está na direção da lua, é só não mudar o caminho que chegaremos ao destino.

– Vocês ciganos são espertos mesmo.

– Isso se chama ensinamentos ancestrais.

– Foram eles que lhes ensinaram isso?

– Sim, meus avós trouxeram para os meus pais e dos meus pais para mim, e assim sucessivamente.

– A Lua começa a clarear a estrada, Rodrigo, olhe que lindo.

– Realmente, esse lugar é lindo.

Assim, Rodrigo e seus companheiros seguem viagem.

“

Só as boas lembranças valem a pena...

”

Sula

A revelação

Amanhece.

– Bom dia, senhores. – diz José acordando a todos. Precisamos seguir.

– Bom dia, José. – diz Rodrigo.

Núbia já está com tudo preparado.

Fernandes se aproxima.

– Bom dia, Rodrigo.

– Bom dia, Fernandez.

– Dentro de poucas horas, chegaremos à Terra Santa. Há um grupo nos esperando. Vocês estão preparados?

– Sim, é isso que tenho que fazer para encontrar-me com os meus? – diz Rodrigo.

– Sim foi isso que combinamos.

– Certo, então vamos em frente. Eu não vejo a hora de resolver logo tudo isso.

– Falta pouco, meu rapaz! – diz José.

Núbia e Amon sorriem alegres e esperançosos.

Todos sobem em seus animais e a viagem é retomada.

A estrada é linda, há árvores e um grande rio de águas cristalinas à direita dos viajores.

Todos estão impressionados com a beleza do lugar.

Calado, Rodrigo segue no dorso de Hió.

Núbia aproxima sua carruagem do cigano.

– Rodrigo?

– Sim.

– Está tudo bem?

– Sim, Núbia, está tudo bem!

– Por que estás triste?

– Não sei, sinto uma angústia.

– Não fique assim.

– Vai passar, Núbia, vai passar.

– Não quer falar?

– Na verdade, estou muito confuso. Sinto saudade, arrependimento, tristeza, não sei muito bem o que tenho, Núbia.

– Estamos muito próximos, não fique assim.

– Só de pensar que vou ter que fazer tudo isso novamente, procurar a minha gente, tentar encontrar o meu amor... tudo isso me angustia, entende?

– Eu entendo, tenha paciência, logo terás as respostas para todos os seus questionamentos.

– Será?

– Confie...

Rodrigo abaixa a cabeça e segue seu galope.

À frente, dois rapazes e duas meninas se banham no rio.

Rodrigo olha aquela cena e se lembra quando se banhava com Sula, sua amada.

– Onde está Sula? – pensa o cigano angustiado.

Os jovens riem e se divertem jogando água uns nos outros.

Núbia olha para Rodrigo sorrindo. Ele não consegue disfarçar a tristeza que havia invadido seu coração.

– Não fique assim, Rodrigo. – ouve-se um grito de Amon.

– Acordou, rapaz?

– Sim, não fique assim, Rodrigo! Em breve, seu coração vai explodir em alegrias.

Rodrigo dá um sorriso disfarçado para o menino, não querendo contrariá-lo.

A viagem segue. À frente, José e Fernandez conversam baixinho.

No meio vai Rodrigo, triste, sobre seu cavalo.

Atrás vem Núbia, e ao seu lado, sentado, está Amon.

– Será que ele está preparado, José?

– Acredito que sim, Fernandez.

– Temos que ter muita calma quando chegarmos ao nosso destino.

– Será que ele já foi a Jerusalém?

– Está no seu pergaminho?

– Sim, há uma pequena passagem em Jerusalém.

– E se ele se lembrar, o que faremos?

– Vamos esperar ele se aproximar para conversarmos com ele.

José e Fernandez diminuem a velocidade de seus camelos à espera de Rodrigo, que lentamente se aproxima.

– Rodrigo?

– Sim.

– Você já esteve alguma vez em Jerusalém?

– Não. Nunca estive em Jerusalém.

– Mas em seu pergaminho há uma marca em Jerusalém.

– É, mas eu nunca estive lá, não que eu me lembre.

– Alguma vez você ouviu falar do apóstolo Paulo, Rodrigo?

– Sim, ouvi muita coisa boa sobre o apóstolo Paulo.

– Estudou as palavras dele?

– Não, só ouvi falarem dele. Dizem ser um homem que passou por provas muito difíceis para encontrar-se com Jesus.

– Por acaso tens algum ensinamento de Paulo que guardas dentro de ti?

– Há um muito bonito e que sigo sempre que posso.

– Qual, Rodrigo?

– Certa vez, Paulo disse a Lucas que o reino de Deus é como um grande oceano e que a vida do homem é como uma porção de água que pegamos e que tentamos conter na mão, mas que escorre entre nossos dedos. Assim é a vida dos homens, ela escorre entre os dedos, mas o reino de Deus é o oceano ao qual todos nós pertencemos.

– Que ensinamento lindo, Rodrigo.

– Obrigado, José.

– Sabes que fazemos parte desse grande oceano, não é, meu rapaz?

– Sim, Fernandez, eu acredito nisso.

– Tens mais algum ensinamento de Paulo para nos explicar, Rodrigo?

– Paulo é chamado o apóstolo do amor pois, em uma de suas cartas aos Coríntios, ele disse palavras que exaltam muito bem o amor.

– Sabes pronunciá-las?

– Acho que sim. Acho que me lembro dela.

Núbia aproxima sua carruagem para ouvir a conversa dos viajores.

– Podes nos falar?

– Sim, José. Ele disse assim:

"Ainda que eu falasse as línguas dos homens e dos anjos, e não tivesse amor, seria como o metal que soa ou como o sino que tine.

E ainda que tivesse o dom de profecia, e conhecesse todos os mistérios e toda a ciência, e ainda que tivesse toda a fé, de maneira tal que transportasse os montes, e não tivesse amor, nada seria.

E ainda que distribuísse toda a minha fortuna para sustento dos pobres, e ainda que entregasse o meu corpo para ser queimado, e não tivesse amor, nada disso me aproveitaria.

O amor é sofredor, é benigno; o amor não é invejoso; o amor não trata com leviandade, não se ensoberbece.

Não se porta com indecência, não busca os seus interesses, não se irrita, não suspeita mal;

Não folga com a injustiça, mas folga com a verdade;

Tudo sofre, tudo crê, tudo espera, tudo suporta.

O amor nunca falha; mas havendo profecias, serão aniquiladas; havendo línguas, cessarão; havendo ciência, desaparecerá;

Porque, em parte, conhecemos, e em parte profetizamos;

Mas, quando vier o que é perfeito, então o que o é em parte será aniquilado.

Quando eu era menino, falava como menino, sentia como menino, discorria como menino, mas, logo que cheguei a ser homem, acabei com as coisas de menino.

Porque agora vemos por espelho em enigma, mas então veremos face a face; agora conheço em parte, mas então conhecerei como também sou conhecido.

Agora, pois, permanecem a fé, a esperança e o amor, estes três, mas o maior destes é o amor"

– Que lindo, Rodrigo! – diz Núbia.

– Você crê nisso, Rodrigo?

– Sim, José, eu creio muito nisso.

Sem perceber, José, Fernandez, Núbia, Amon e Rodrigo estão parados no alto de uma linda colina. Abaixo, pode-se ver um enorme acampamento cigano.

– Se crês nisso, Rodrigo, olhe para baixo.

Rodrigo olha para o vale e vê sua tribo acampada. Seus olhos se enchem de lágrimas, ele não consegue conter a emoção de ver sua tribo salva ali bem perto de seu olhar.

– Meu Deus, que isso? Pai de misericórdia, obrigado por tudo isso. Olhem, é a minha tribo, é a minha gente! Obrigado, meus amigos.

– Vá Rodrigo, vá a galope em seu lindo cavalo, vá ao encontro dos seus. – diz Núbia.

Rodrigo olha emocionado para José, que lhe sorri. Ele olha para Fernandez que, com um sinal de cabeça, diz "vá, vá". Gesticula o fiel amigo.

Núbia, emocionada, olha para Rodrigo com ternura.

Amon sorri para o cigano.

– Vá, Rodrigo não perca mais tempo, vá ao encontro dos seus. – diz Núbia.

Chorando e sorrindo ao mesmo tempo, o cigano ordena a Hió um galope rápido.

Correndo, Hió obedece ao comando de Rodrigo, e em disparada, segue rumo ao acampamento.

Todos os que estão na grande fogueira percebem a chegada de Rodrigo, que é saudado com gritos e muita música. Todos estão felizes.

Ele chega correndo e se dirige até a sua barraca, a barraca principal daquele lugar.

Túlio está lhe esperando.

– Túlio, meu amigo! – diz Rodrigo abraçando-o fortemente.

– Onde estão todos?

– Estamos todos bem, Rodrigo.

– Que bom que vocês conseguiram escapar.

– Sim, estamos bem.

– Onde estão Zaira e Suazi?

– Estão chegando.

Nesse momento, Jamila entra na barraca trazendo em seu colo um lindo menino de olhos azuis.

– Olhe, Rodrigo, esse é Manolo, seu sobrinho.

– Que lindo menino e que linda homenagem ao meu velho pai.

– Seu pai está aqui, Rodrigo.

– Aqui? Como assim? Ele está morto.

– Venha, vamos até a barraca dele. Ele vai te explicar – diz Túlio pegando o cigano pelo braço.

– O que está acontecendo aqui, Túlio?

– Fique calmo, Rodrigo, Manolo vai lhe explicar.

Rapidamente, eles chegam à grande tenda.

Rodrigo entra assustado, Manolo está sentado e ao seu lado está Siara.

Postando-se de joelhos, o cigano não consegue acreditar no que vê.

– Meu Deus, o que está acontecendo aqui?

Siara se levanta e abraça carinhosamente seu filho Rodrigo.

– Filho, que saudade de você!

– Mãe! – diz Rodrigo emocionado.

Manolo se levanta, e junto com Siara, abraça seu amado filho.

– Pai, como eu te amo.

– Nós também te amamos muito, meu filho. Venha, sente-se aqui, nós precisamos conversar.

Cambaleando, o cigano se senta em uma confortável almofada ao lado de seus pais.

Siara não desgruda do filho amado.

– Estou confuso.

– Não fique.

– Onde está Zaira e Suazi?

– Estão chegando.

– E Sula?

– Ela te espera.

– Onde?

– Tenha calma, Rodrigo, nós precisamos conversar. – diz Siara.

– Conversar o que?

– Vamos lhe acender a memória, meu filho, para que tudo possa se restabelecer.

– Está bem, minha mãe.

– Tome, beba um pouco de água. – diz Siara após pegar um copo com água das mãos de Manolo.

Rodrigo bebe a água e se acalma.

– Nós vamos conduzir as suas memórias agora para que você tome ciência de tudo o que aconteceu, meu filho.

– Está bem, mamãe, o que tenho que fazer?

– Feche seus olhos, relaxe, você está conosco.

– Está bem!

Rodrigo se acomoda na grande almofada e fecha seus olhos.

Sua mente volta a um tempo atrás.

– Vá, Suazi, você precisa salvar nossa gente, avise a todos que Napoleão está invadindo o Cairo, arrume o que puder e sigam para o Sinai.

Siara entra na mente de Rodrigo.

– Você se lembra disso?

– Sim, mamãe.

– Logo após essa despedida, seu irmão e seu melhor amigo Túlio foram assassinados pelos soldados de Napoleão. Toda a nossa tribo já tinha sido dizimada.

– Covardes! – diz Rodrigo ofegante.

Rodrigo é levado ao encontro com Sula.

– Lembra-se desse dia?

– Sim.

– Após o primeiro dia de encontro, Napoleão invadiu o Cairo, lembra-se?

– Sim, eu e Sula fugimos.

– Fugiram mas foram alcançados.

– Não, não fomos, nós fugimos e fomos ajudados por Diogo, até enterramos Jurle e Sarah.

– Na verdade, vocês morreram naquele massacre.

– Mãe, eu não morri.

– Filho, algumas lembranças nos são poupadas, não estamos aqui para sofrer.

– Quem fez isso comigo? Como assim não sofrer?

– Algumas coisas temos que experimentar, algumas nos serão lembradas, outras, apagadas por serem desnecessárias.

– Mas e Sula? Onde ela está?

– Te esperando, como já dissemos.

– Onde, mãe?

– Acalme-se para que possamos prosseguir, meu filho. – diz Siara conduzindo Rodrigo em seus pensamentos. Manolo está dentro da memória de seu filho Rodrigo ao lado de Siara.

– Dois homens te acharam e te trouxeram para cá. São eles amigos de outras vidas que você teve. Na verdade, vocês ainda terão muita coisa pela frente.

– Eles foram bons comigo, eu gostaria de agradecer a eles por tudo o que fizeram por mim.

– Resgatamos aqui as coisas que semeamos quando encarnados. Aqui, os encontros são inevitáveis. Sejam eles agradáveis ou desagradáveis. Por isso, estamos a todo tempo nos ajustando.

– Sou muito grato ao José e ao Fernandez.

– Que bom, meu filho. – diz Manolo.

– Você também está em meus pensamentos, pai?

– Sim, filho, quero te falar de um ser muito especial para todos nós.

– Quem, pai?

– Daniel.

– O padre?

– Sim, o padre.

– O que tem ele?

– Ele é nosso destino, nosso caminho, nosso melhor amigo e, acima de tudo, nosso mestre.

– Ele é cigano, pai?

– Talvez, Rodrigo. Aqui, essas coisas não são importantes, aqui não há cargos, e sim números.

– Números, como assim?

– Lembra-se do seu pergaminho, meu filho?

– Sim, mãe.

– Qual é o seu número nele?

– Oito.

– É um bom número.

– Sim, Núbia me falou sobre isso.

– Agora, vamos voltar para o tempo real, filho.

– Antes, eu posso te fazer uma outra pergunta?

– Sim.

– Se estou morto, porque me sinto vivo?

– O corpo é quem morre, ele vos é emprestado pela vida material que lhe pede de volta quando terminas o que tens que fazer.

– Quer dizer que o meu corpo físico pertence ao mundo físico e nele fica?

– Sim, Deus cobra as coisas de Deus, a Terra cobra as coisas da Terra. Formas, energias, elementos, fluidos, tudo se junta novamente para novamente recomeçar, essa é a Lei.

– E Hió?

– Morreu ao seu lado tentando lhe defender.

– Eu sabia, como amo esse cavalo.

– Ele também te ama muito, meu filho. – diz Manolo emocionado.

– Agora, vamos voltar, meu filho.

– Posso fazer a última pergunta?

– Sim, Rodrigo.

– José conversou comigo sobre Jerusalém, estamos em Jerusalém?

– Estamos em uma cidade espiritual sobre Jerusalém.

– Cidade espiritual? O que é isso?

– Uma cidade criada pelos espíritos superiores para que nós, que estamos ligados a esse lugar, possamos nos reencontrar e juntos traçarmos novos destinos.

– Compreendo. Mas o José e o Fernandez também me falaram algo sobre o apóstolo Paulo, o engraçado é que eu nunca estudei Paulo, mas sei de muitas coisas de apóstolo, parece que estão tatuadas dentro de mim.

– São lembranças de outras vidas que carregamos pela eternidade.

– Eu tive alguma coisa com o Paulo?

– Sim, mas isso vamos deixar para outro momento. Agora, temos duas pessoas que estão aqui para te ver. Abra seus olhos lentamente.

Rodrigo, obedecendo sua mãe, abre os olhos lentamente e vê em sua frente Núbia e Amon.

– Núbia, Amon, que bom vê-los aqui! – diz Rodrigo emocionado.

– Venha me abraçar, Rodrigo. – diz Núbia.

Ele se levanta e rapidamente é envolto em um forte abraço. Após alguns minutos, Rodrigo começa a chorar, ele sente que aquele abraço não é de Núbia, e ao olhar para a jovem, ele vê a sua querida irmã Zaira. Suazi já não é mais o pequeno Amon e o abraça, todos estão em lágrimas.

– Obrigado por terem me ajudado.

– Nós te amamos muito, Rodrigo! – dizem Zaira e Suazi.

Todos estão muito emocionados.

Zaira põe suas duas mãos sobre o belo rosto do irmão Rodrigo, e com os polegares, ela começa a secar as lágrimas que insistem em escorrer dos olhos ciganos.

– Não chore, não fique assim, fizemos tudo como você mandou, protegemos nossa gente até que a mamãe e o papai chegassem. Agora, tenho algo muito importante para te dizer.

As lágrimas não param.

Suazi abraça Rodrigo.

– Não fique assim, mano, ela não pode te ver de cara inchada.

Rodrigo olha para Suazi emocionado.

– Ela? Ela quem?

– Sula.

– Onde ela está?

Siara se aproxima do amado filho.

– Lembra-se do meu roseiral?

– Sim, mamãe, me lembro das suas rosas.

– Ela está lá te esperando.

Emocionado, Rodrigo olha para todos, esfrega o rosto secando as lágrimas e corre em direção ao fundo da grande roda de cabanas ciganas. Lá, há uma enorme cobertura onde são cultivadas as rosas do Cairo.

Rapidamente, ele chega no lugar.

Todos se mantêm na grande roda cigana, a fogueira é novamente acesa, a música começa a tocar, os ciganos estão felizes e dançam sem parar.

– Sula, Sula, onde está você?

Nervoso, ele procura pela jovem em todo o lugar. Até que vê ao longe, embaixo de um pé de tâmaras, sua amada sentada olhando o horizonte.

– Lá está ela! – diz ele.

Rodrigo pega algumas rosas e sai em disparada em direção ao seu amor.

Silenciosamente, ele se aproxima de Sula, que não percebe sua chegada.

Ele então coloca as rosas sobre o banco e tapa os olhos de Sula.

Ela, ao perceber o perfume de seu amor, não contém a emoção, ela se vira e beija-lhe a boca intensamente.

Os corpos se tocam novamente, a saudade se transforma em suspiros de amor.

Os corações pulsam violentamente.

– Meu amor! Como eu te amo, como esperei por esse momento! – diz Sula apaixonada.

– Eu te amo, Sula. Me perdoe ter te deixado naquele lugar.

– Não foi você quem me deixou, fui eu que te deixei lá, você precisava passar por onde passou.

– Como? Você sabia de tudo?

– Sim, eu sabia que estávamos mortos, mas você precisava passar pelo que passou para chegar aqui purificado.

– Meu Deus, como não percebi?

– Deus é assim, Rodrigo, nem percebemos e Ele nos mostra a sua grandeza. Você é um bom homem, você é lindo, gentil, fiel, sincero, enfim tudo o que precisa para ser um grande líder cigano.

– E agora, o que acontecerá conosco?

– Agora, vamos passar um bom tempo juntos aqui. Um dia precisaremos decidir pela evolução, aí teremos que experimentar novamente a vida encarnados. Saiba de uma coisa, cigano.

– O que, meu amor?

– Eu não vou a lugar nenhum sem você, nunca mais.

– Nem eu, Sula. Prometo que nunca mais vou me afastar de você.

– Jura?

– Juro o meu amor eterno.

– Obrigada por me amar tanto assim.

– Eu é que agradeço por tudo o que vivi até aqui e por tudo que ainda viverei a seu lado. Olha o que eu trouxe para você!

– Lindas rosas!

– Não são simples rosas, são as rosas do Cairo.

– Te amo, Rodrigo.

– Eu também, Sula.

– Olhe, meu amor, quem vem vindo ali. – diz Sula mostrando a Rodrigo a aproximação de uma casal.

– Quem são?

– Espere eles se aproximarem.

Um homem vestido como Egípcio e sua mulher muito bem aparentada se aproximam do casal.

Curioso, Rodrigo força a visão para tentar descobrir quem se aproxima.

– Quem são, Sula?

– Tenha calma, meu amor. Você se lembra quando esteve com Aischa e ela te falou de um amor proibido?

– Sim, lembro-me bem. Fiquei muito preocupado com aquela conversa.

– Nosso amor nunca será um amor proibido, Rodrigo. O que não poderíamos era viver encarnados no Cairo naqueles dias. Tínhamos mesmo que partir para a vida plena.

– Ainda bem que isso aconteceu, Sula. Não toleraria viver em qualquer lugar do mundo sem você ao meu lado.

– Sim, estou feliz com o ocorrido, Rodrigo. Na verdade, foi tudo muito justo para nós. Você se lembra também daquele senhor alto e bonito que levava mantimentos para a minha avó quando eu era menina? Aquele que um dia me deu um abraço apertado que nunca consegui esquecer?

– Sim, lembro-me!

– Olhe, ele está vindo.

Rodrigo novamente força a visão e reconhece Sarah.

– É Sarah?

– Sim, ela e meu pai Jurle.

– Jurle é seu pai?

– Sim, ele teve um romance com a minha mãe. O Jamal, marido de minha mãe, descobriu que ela havia tido um romance com Jurle e me afastou do convívio de todos, por isso, fui criada pela minha querida avó. E meus irmãos, na verdade, nunca foram meus irmãos.

– E a sua avó era mesmo uma cigana?

– Você esteve com ela quando deu sua primeira parada enquanto vinha para cá, foi ela quem cuidou de você.

– Samira foi quem cuidou de mim.

– Sim, ela mesma! Samira, na verdade, é a minha avó Raquel, ela cuidou de você para mim.

– E onde ela está?

– Vindo para cá.

– Meu Deus, eu nem desconfiei.

– Pois é, são assim as coisas de Deus, Rodrigo, nem percebemos e Ele está agindo ao nosso redor.

– Como Ele é bom para mim, Sula. Como é misericordioso e nos ama profundamente.

– Para nós, amor, para nós. Olhe, Jurle está chegando!

Rodrigo se levanta, abre os braços e recebe seu melhor amigo com um apertado e carinhoso abraço. Sarah abraça Sula sorrindo.

– Que bom que tudo terminou bem, Jurle!

– Sim, Rodrigo, a misericórdia divina se fez presente em nossas vidas. Reencontrei a minha amada filha e estamos felizes em te reencontrar. Como é bom estar aqui, meu amigo cigano.

– Eu é que agradeço tudo o que você fez por mim, Jurle, você e Sarah.

– Te amamos, Rodrigo! – diz Sarah emocionada. – São as nossas ligações ciganas, Rodrigo, que nos unem por todas as vidas.

– Ligações ciganas?

– Ih, vamos deixar isso para outro dia. – diz Sula sorrindo.

Sula abraça a todos e prossegue:

– Nós estamos nesta vida para seguir alcançando a luz de que necessitamos para a felicidade plena. Agradeço todos os dias por vocês existirem em minha vida, agradeço pelas oportunidades infinitas que recebo ao lado de cada um de vocês. Agradeço por sempre ser uma cigana, e para terminar, precisamos comemorar bailando uma bela música, vamos?

– Sim, vamos! – diz Rodrigo feliz.

Todos se dirigem à tribo para dançarem em mais uma noite no Egito. Uma noite enfeitada com as “Rosas do Cairo”.

Fim